現場で使える

ファイナンス知識

Practical
Finance
Knowledge

國方康任
Kunikata Yasutaka

未来を予測し勝ち筋を見極めろ！

はじめに

今、経営に大きなパラダイムシフトが起きています。

経営のゴールとして、売上や利益を改善していけばそれでよしとされた時代から、**企業価値を継続的に高めていくことが求められる時代**へと、確実に、そしてスピードを上げて変化が進んでいるのです。

経済系の新聞や雑誌を読むと、次のような表現が頻繁に登場しています。

「〇〇事業を分社化し、企業価値の向上を図る」

「これまでの売上高営業利益率ではなく、ＲＯＩＣ《ロイック》（投下資本利益率）を最も重要な経営指標とすると発表」

「数年間、リターンがＷＡＣＣ《ワック》（加重平均資本コスト）を下回る事業の売却を検討」

職場でも、このような新しい言葉を使う人が増えつつありますが、果たしてどのくらいの割合の人が本当に分かって話しているだろうかと感じたことはありませんか？

私の友人の大企業のマネージャー数人にヒアリングをしたところ、「実はＲＯＩＣやＷＡＣＣを説明しろと言われると困ってしまうんだ」という答えがほとんどでした。

ファイナンスを理解しようと思うと、20年ほど前まではＭＢＡの教科書くらいしか参考になるものはなく、企業の中でも深い理解をしている人はごくわずかでした。

その後、新書を含めたいくつかの良著が出版され、少しずつ理解が広まっているように思えますが、まだ時代のスピードに追い付いていないのが現状ではないでしょうか?

この本は、ファイナンスが重要視される時代に追い付く方法が分からない、もっと成果をあげたいのにやり方が分からない、配下の部門をうまくリードすることが出来ない、提案を出してもいつも却下されるなどのジレンマをお抱えのビジネスパーソンのために書いたものです。

ファイナンスは、それそのものが価値を生むものではなく、価値を生む活動に一定のガイドラインを与えるものです。

ですので、商品開発、生産、マーケティングなどあらゆる分野のビジネスパーソンにその本質を知ってもらい、正しいゴールに向かってあらゆる分野のプロフェッショナルとして成果を存分に上げて頂きたいと私は考えています。

この本の最終的な目的はずばりそこにあります。**小難しいファイナンス理論の習得に大切な時間を費やすより、ご自身の強みを生かして、より良い仕事をしてもらいたい**のです。

ファイナンスには、中核をなすいくつかの理論が存在しますが、最初に押さえておくべきことは、その考え方です。つまり、先に考え方があり、次に理論が存在するのです。

本書の前半では、まずファイナンスが重要視されるようになった背景から説明を始め、ファイナンスの基本的な考え方とは何か、ファイナンスとアカウンティングの違いは何かについて解説します。

次に、企業価値とは一体どういうものなのか？　について理解を深めてもらいます。実は企業価値は、アカウンティングに登場するＢ／Ｓとキャッシュフローとの深い関係があることがお分かり頂けるでしょう。

後半では、実際にファイナンスの考え方に則った意思決定の方法、ファイナンスの考え方を反映した業績評価指標であるＲＯＩＣについて説明をしたのち、これらを実際に現場で使う上での実践的なノウハウをご紹介します。

この本を読み終えると、ファイナンスって実は大して難しいものではなく、すぐに仕事に生かせることを実感してもらえるかと思います。

そして、みなさまがこの大きなパラダイムシフトに右往左往することなく、むしろ楽しんで頂けるような変化をもたらすことが出来るのであれば、この本を書いた本当の意味があると私は考えています。

２０２４年10月　國方康任

目次

第1章 なぜファイナンスはマネジメントに必須の知識になったのか?

第2章　投資家目線を身につけるファイナンス思考

第3章 企業価値評価のベースとなる「B/S(バランスシート)」

第4章 ここだけ読めば使える！ファイナンスの基本

第5章 意思決定に役立つ投資家目線の会計指標

第6章
最高の結果を出すファイナンス知識の使用法

計算方法の補足

第 1 章

なぜファイナンスは マネジメントに必須の知識 になったのか？

東京メトロの企業価値が１兆円⁉

この数年、企業価値という言葉をよく耳にするようになりました。

２０２４年に入り、東京メトロ（東京地下鉄株式会社）は株式上場に向けた動きを開始したようですが、その企業価値はなんと1兆円になると言われています。ちなみに、同社の２０２４年3月期の営業収益は３８９３億円、純利益は４６３億円でした。（同社の有価証券報告書より）

しかし、その企業価値が1兆円という極めて大きな金額になるのはなぜかという質問に答えられる人はどれほどいるでしょうか？

そもそも、企業価値が何かということさえイメージを持ちにくいのではないかと思います。

この東京メトロの企業価値は簡単に言うと、保有する不動産や金融資産の時価に、これからこの会社が稼いでいくキャッシュの総額を加えたものとなります。

ここで、**将来稼ぐキャッシュをどのようにひとつの値にまとめるかがファイナンスという知識を使う肝**となります。

ファイナンスの知識を身につけると、これらの疑問が解消されるばかりではありません。企業が開示している情報を見て、企業価値の見積りもできるようになります。そうすると、自社や他社の経営課題を知ることもできるのです。

本章ではまず、ファイナンスとはそもそも何なのか？　ということから話を始めます。

そして、企業価値がその企業が事業から生み出すキャッシュと大きく関係することを実感していきましょう。

ファイナンスを学ぶ目的とは？

できるビジネスパーソンになりたければ会社の数字に強くなければならない。

会計の分からない経営者は失格。

少なくとも決算書くらいは読めないと管理職にはなれない。

ビジネスの世界では、長い間このようなことが言われてきました。

この課題を克服し知識を仕事の現場で使えるようになった人、それなりには勉強してきたがまだまだ苦手意識が抜けない人、数字アレルギーが強くこの課題から逃げまくってこれまで来たという人。様々な人がいらっしゃると思います。

これまでは、決算書が読める、社内の部門損益計算書が読めるといったアカウンティング（会計）が会社の数字についての必須の知識領域でした。

しかし、この10年ほどの間にこれに加えてファイナンスの知識の重要性が高まってきています。

アカウンティングだけでも十分重たいのに、まだその上があるの？　と言いたくなる気持ちはよく理解できますが、特に上場企業で役員や部長以上の上級管理職、そしてそれらのポジションの予備軍の方々にとっては、すでに待ったなしの状況です。

この背景には、後ほど述べるように**日本における外国人機関投資家**[*1]**の影響力がこの10年で非常に強くなってきた**ことがあります。

ファイナンスとアカウンティング

では、ファイナンスとはいったい何なのでしょうか？

アカウンティングの親戚筋にあたるものなのでしょうか？

確かにＣＦ（キャッシュ・フロー、現預金等の増減）だとか、設備投資だとか同じ

＊1　顧客から拠出された資金を運用・管理する法人投資家の総称。一般に機関投資家と呼ばれるグループをいくつか挙げると、「投資顧問会社」「生命保険会社」「損害保険会社」「信託銀行」「投資信託会社」「年金基金」などが主なものである（野村証券ホームページより）。

用語を使うケースが多いので両者は親戚のように考えられても不思議はありません。

しかし、結論から申し上げると、ファイナンスはアカウンティングと見た目は似ていますが、目的も考え方も全く異なるものなのです。

アカウンティングは**会社の数字に関する過去のできごとをレポートの形で伝える**ことを目的としています。また、そのために厳格なルールが存在します。第三者向けのレポートである決算書を作る際には会計基準（例えば、日本基準、米国基準、国際基準）を遵守しなければなりませんし、社内の部門損益計算書を作る際には経理部などが定めた社内ルールに従わなければなりません。

それに対して、**ファイナンス**には**企業のこれからの業績を予測し、それをベースとして、企業の価値を見積る**という主な目的があります。

会計には過去、報告という概念があるのに対して、ファイナンスには未来、見積りという概念が存在するのです。

投資家の評価方法を知る

機関投資家の多くは企業の価値を、ファイナンスというメソッドを使って見積ります。これを**企業価値評価（バリエーション）**と言います。

非常に簡単に言うならば、企業価値を大きくするためには、企業が生み出すＣＦを継続的に大きくしていく必要があります。

そして、企業自身も、投資家や株主も、今後そうなると確信できたとき初めて企業価値は大きくなります。

つまり、企業価値とは外部から見積られる、あるいは評価され決まるものです。

そして、その市場での評価額が株式の時価総額であり、さらにそれを発行株式数で割ったものが株価になります。非常にドライな考え方かもしれませんが、株価が継続的に上昇することこそが機関投資家が最も強く望むことなのです。

機関投資家は、株式の市場価格である株価が、一株当たりの企業価値（見積額）より低ければ株を買い、高ければ株を売ります。株価は、日々上下に激しく動きますが、ばらつきの中心値は見積り結果に近づいていくだろうという仮説がこのような行動様式のベースにあります。


ですので、上場企業の経営者、広報担当者、財務担当者は、既存の株主や投資を考える人たちが**自社の株価をどのように評価しているのかをよく知っておく必要があります**。買いたいのか、売りたいのか、株式を保有して満足なのか、不満足なのかという点についてです。

そして、そのためには、**評価方法そのものを知っておかなければなりません**。それがファイナンスを学ぶ第一の目的です。

判断基準を理解し、部門内で徹底する

次に、**どうすれば株主の期待に沿えるのか、明確な考えを持ち、経営戦略や事**

業計画に落とし込んでいくことになります。

具体的な計画を立て、実行していくのは事業を担当する役員や上級管理職です。ですので、このようなポジションにいる方は、担当部門をどのように運営していけば、自部門から生み出すＣＦを継続的に大きくすることができ、結果として企業全体として株主を満足させることができるのかを知っておかなければなりません。

ファイナンスを学ぶ第二の目的とは、**投資と回収に関する判断基準を理解し、自部門内にそれを徹底していく**ことにあります。

そうすることにより、初めてＣＦ、つまりお金の出し入れの状態をあるべき姿にコントロールすることが可能になるからです。

企業価値を見抜くCF予測

機関投資家は企業価値を評価する際にその企業が将来にわたって生み出すキャッシュ、つまりCFの連鎖に着目します。これがどのような理屈によるものなのか簡単に話しましょう。

今、あなたが友人たちと合計5人で投資を目的として、あるレストランの経営権を均等に出資して買い取るとします。ただし、この店は10年後に閉店することが決まっていて、その際にそれまでに得られたキャッシュは5人に均等に分配されます。

このレストランは売上代金と各種経費の差額から毎年1000万円のキャッシュを生み出す見込みですが、その中から毎年200万円ずつ設備投

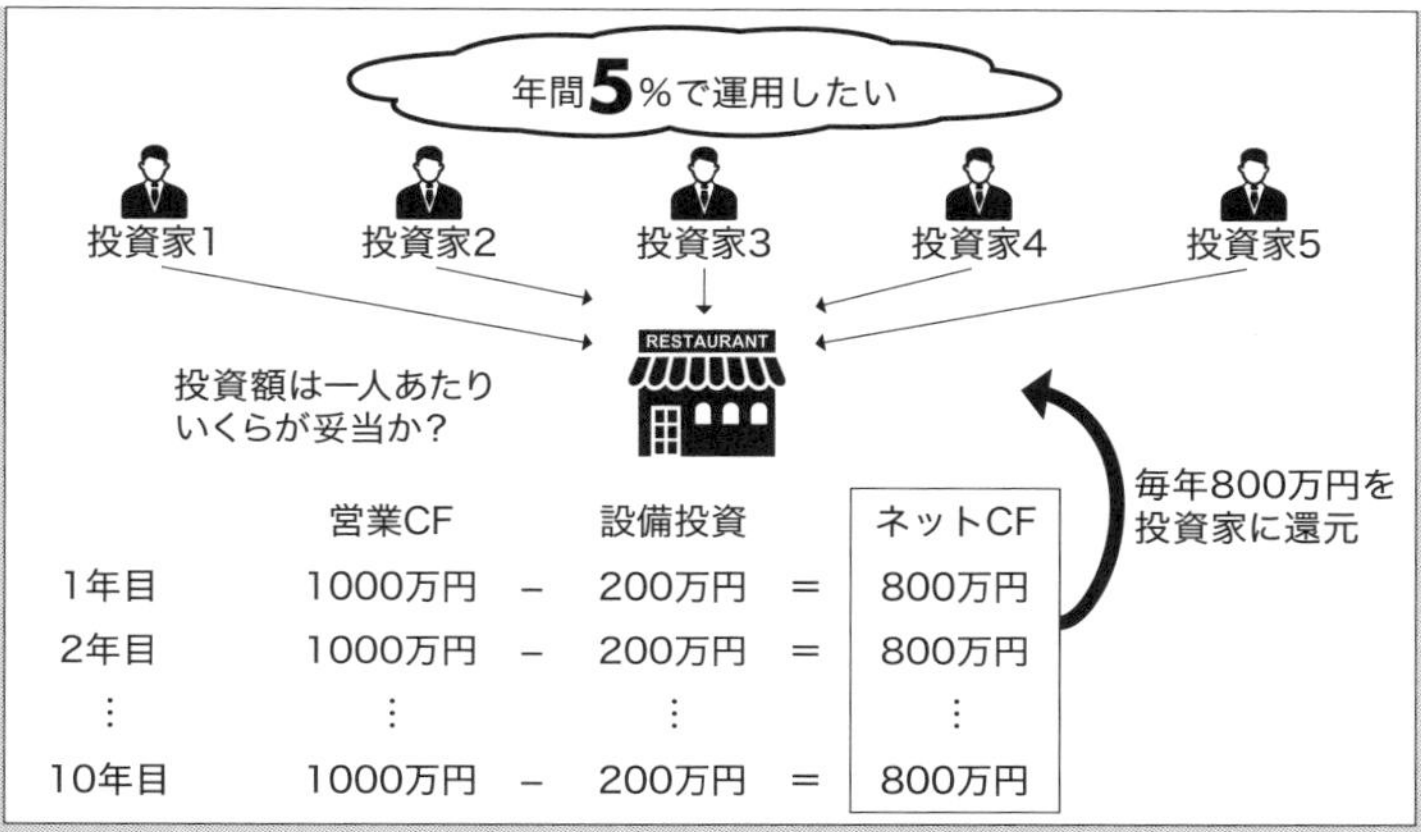

資を行う必要があるため、純粋なＣＦとしては毎年８００万円が見込みとなります。この８００万円は各年度の末日に得られるものとします。

さらに、閉店にあたって、新たなコストは発生せず、必要な税金などもすでにキャッシュの計算に含まれているものと仮定します。また、借入金はなく、閉店にあたっての資産処分もキャッシュ以外は行わないことにします。

そうすると、10年間の合計で８０００万円[＊2]のキャッシュが得られる計算になりますが、このレストランには果たしていくらの経済的な価値があるのでしょうか？

＊2
(1000万－200万)×10＝8000万

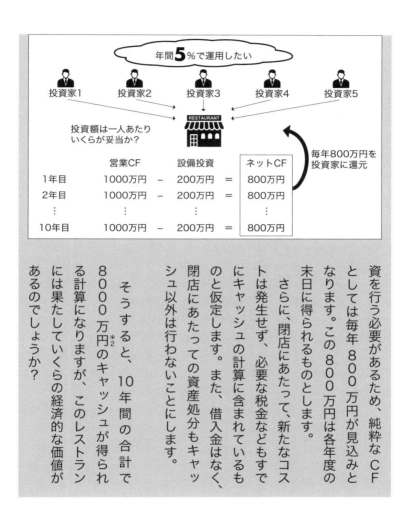

運用利回り 5.0% 単位：万円

経過年数	1	2	3	4	5	6	7	8	9	10	合計
(a) ネット CF	800	800	800	800	800	800	800	800	800	800	8000
(b) 現在価値	761.9	725.6	691.1	658.2	626.8	597.0	568.5	541.5	515.7	491.1	6177.4
(b) ／ (a)	95.2%	90.7%	86.4%	82.3%	78.4%	74.6%	71.1%	67.7%	64.5%	61.4%	77.2%

(a) ネット CF は 5%で経過年数分運用した後の値と考える、
(b) 現在価値は時間の経過が進めば進むほど劣化してしまう。10 年合計では 22.8% も少なくなる。

投資、すなわち資金を運用するという視点に立つと、いくらかの利益は必要ですし、レストラン事業への投資は少なからずリスクが存在するわけですから、投資に見合ったリターンを求めるのが一般的です。そこで、ここでは1年で5％という運用利回りを設定してみることにします。

そうすると、**1年目に得られる800万円**は、1年間に5％で運用した後の金額という考えが成り立つため、投資時点まで遡ると**761万9000円**[*3]**の価値しかない**とみなされます。

これをファイナンスの用語で「**貨幣の時間価値**」と言い、具体的には「761万9千円

*3 800万円÷1・05

は、１年後の８００万円の現在価値である」というような表現をします。

同様の考え方をすると、２年目の最終日に得られる８００万円は現在価値で７２５・６万円、[*4]５年目では６２６・８万円、10年目では４９１・１万円と８００万円から大きく目減りしてしまいます。

10年間の現在価値の合計では６１７７・４万円となり、貨幣の時間価値を考慮しない８０００万円に対して、22・８％も少なくなってしまいます。

もちろん、このレストランへの投資によって、資金を5％で運用できるという確証はありません。しかし、投資家はあくまで見積りベースで5％でという運用利回りを設定し、そして投資対象の価値を見定めます。

したがって、このＣＦの見込み額の現在価値の合計６１７７・４万円を５で割った１２３５・５万円が今回投資を検討している5人の一人当たりの投資対象の経済価値となります。

もしこの金額で投資をした場合、見込み通りの結果になれば年に5％の運用益

＊4　800万円÷1·05÷1·05)

は得られることになります。

しかし、この金額より高い金額で投資する場合は、計画通りのＣＦが得られても運用利回りは５％に満たないことになりますし、逆にこの金額より低い金額で投資する場合は、利回りが５％を超えることになります。

経済的価値は評価者によってちがう

機関投資家が、株式上場している企業の株式を買うかどうか、あるいは売るかどうかは、基本的に**企業の経済的価値を評価して、それを発行株式数で割って一株当たりの値とし、それを市場価格である株価と比較**して決めます。

実際には、対象企業や経済に関わる様々な情報が盛り込まれ、さらに事業に使用していない遊休不動産や余剰の現預金、あるいは有利子負債の金額なども考慮して算出されます。

また、ここで重要なのは、その**評価額は、評価者によってばらつきがある**ということです。与えられた情報が同じでも、それをベースに見積ったＣＦの予測は、人によって異なるからです。

しかし、ある企業のＣＦがいずれ改善されていくであろうという情報があった場合、株価は確実に上昇していきます。

機関投資家は株価がこれから上がる可能性が高い企業、不景気にも強い企業、安定した配当を出してくれる企業を好み、必死でそれを探しているのです。

CFがマイナスでも下落しない株価のナゾ

さて、機関投資家は実際のところ企業の価値をどのようにして見積っているのでしょうか？

ここでは、みなさんにも子供のころからなじみのある食品会社の森永製菓株式会社を例にして説明をしてみましょう。「おっとっと」や「チョコボール」など、一度は食べたことがあるのではないでしょうか？

実は、森永製菓は食品という**単一事業**を営んでおり、数字から実態を想像しやすく、さらに投資家にとって企業価値を算定しやすい情報を積極的に開示していて、ファイナンスの基本を身に付ける際に、最適な会社です。

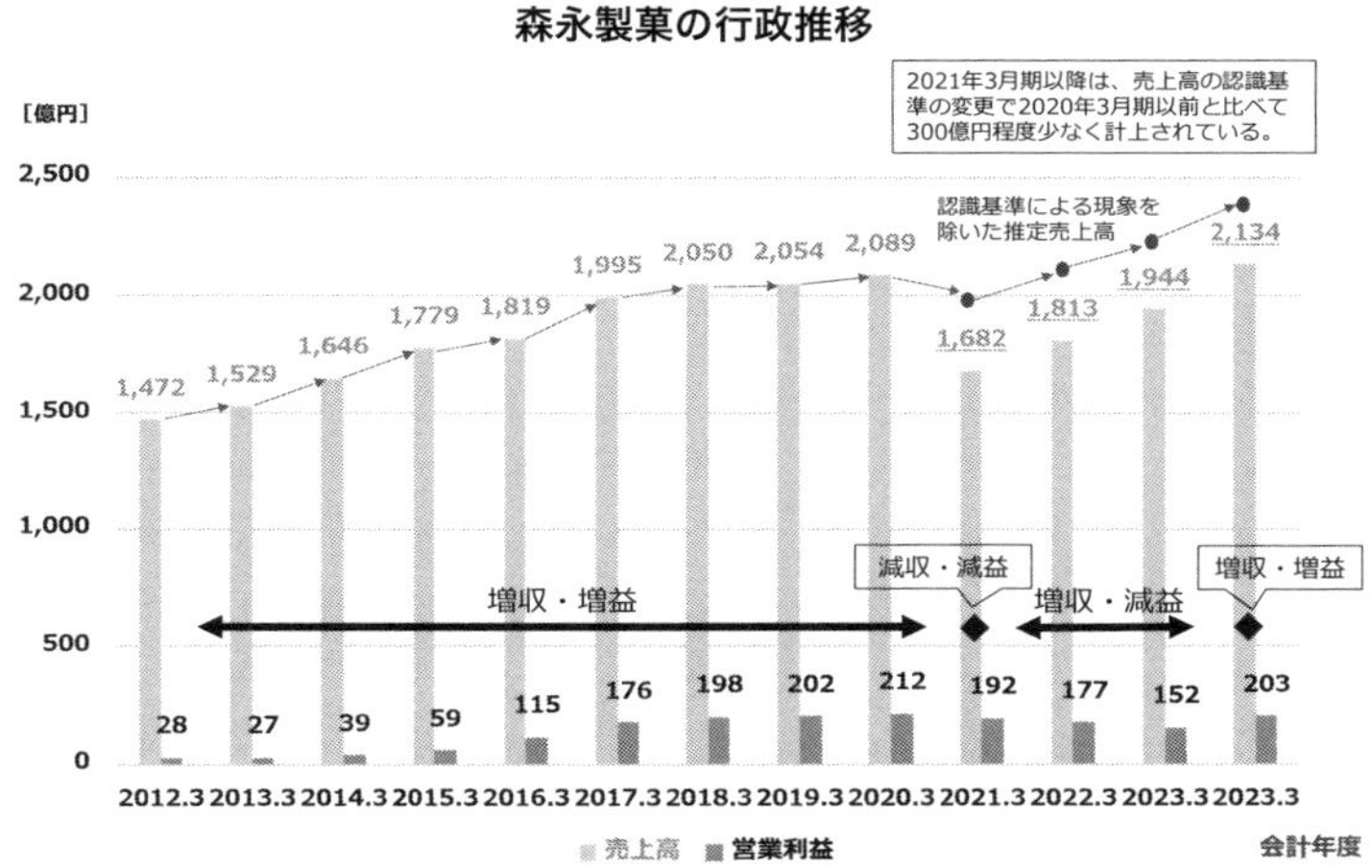

森永製菓の売上高と営業利益の推移

まず、見て頂きたいのは同社の２０１２年３月期から２０２４年３月期までの13年間の売上高と営業利益の推移です。

２０２１年３月期に売上高が大きく減少しているのは売上高の認識基準が変更されたためで、この影響は２０２１年３月期には３１８億円程度あったとされています。

２０２２年３月期以降についてはこの変更による影響がいくらであったか分かりませんが、もし同程度であったとすると、2018年3月期まで売上高は右肩上がりに増加していたものの、その後2021年3月期までは微増に留まり、2023年3月期にようやく明らかな増加傾向に転じたと言えます。

次に営業利益ですが、2020年3月期まで右肩上がりに増加し、2021年3月期以降はやや減少傾向となった後、2024年3月期になってようやく回復傾向が見られます。

森永製菓の株価の推移

ここで同じ期間の同社の株価の推移を見てみましょう。

株価は2012年1月に450円程度であったのが、業績の改善とともに上昇し2017年5月に3300円でピークを打った後、2020年いっぱいまで下落傾向にありました。

そして、2000円前後で推移した後、2023年8月以降は2500円を超えるレベルまで回復しています。

森永製菓の株価推移

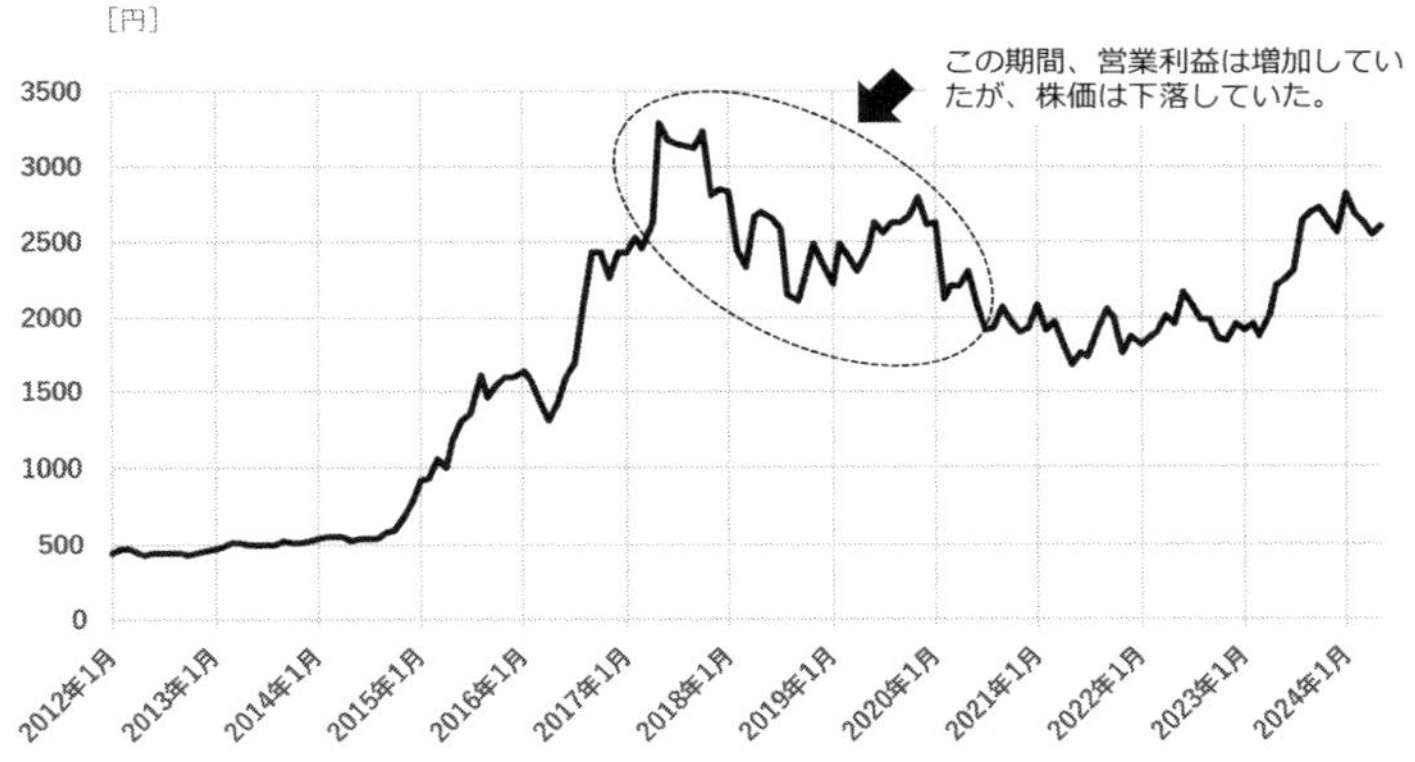

これは２０２３年８月上旬に発表された２０２４年３月期の各四半期の業績が好感されたです。

これにより、２０１７年までの株価の上昇は売上や利益の改善が理由であったと判断できますが、その後の推移は売上や利益ではあまりうまく説明がつきません。

なぜなら、売上高は２０１８年３月期以降、２０２２年３月期までは実態としてさほど変化がありませんし、営業利益も、株価が下落を始めた後も２０２０年３月期までは増加傾向にあったからです。

森永製菓のＣＦの推移

次に、同社の同じ期間のＣＦを見てみましょう。グラフには「営業活動によるＣＦ」（営業ＣＦと記載、通常プラスの値となる）、「設備投資」（支出なのでマイナスの値となる）、そしてこれらの差額に相当する「事業活動によるＣＦ」（事業ＣＦと記載）を示しました。[*5]

２０１４年３月期までは営業活動によるＣＦより設備投資の方が大きく、事業活動によりキャッシュが流出していたことが分かります（事業活動によるＣＦが安定してマイナス）。

２０１５年３月期からは、これまでの設備投資が功を奏したのか営業活動によるＣＦが増加し、一方で設備投資は抑制されたので、結果として事業活動によるＣＦはプラスに転じ、２０１７年３月期には１４７億円まで増加しました（事業活動によるＣＦがプラスとなり増加傾向）。

＊５
「事業活動によるＣＦ」という項目はＣＦ計算書には登場しない。あくまで、経営分析用の数値であり、フリーＣＦと呼ばれることもある。また、設備投資でなく投資ＣＦが使われるケースもある。

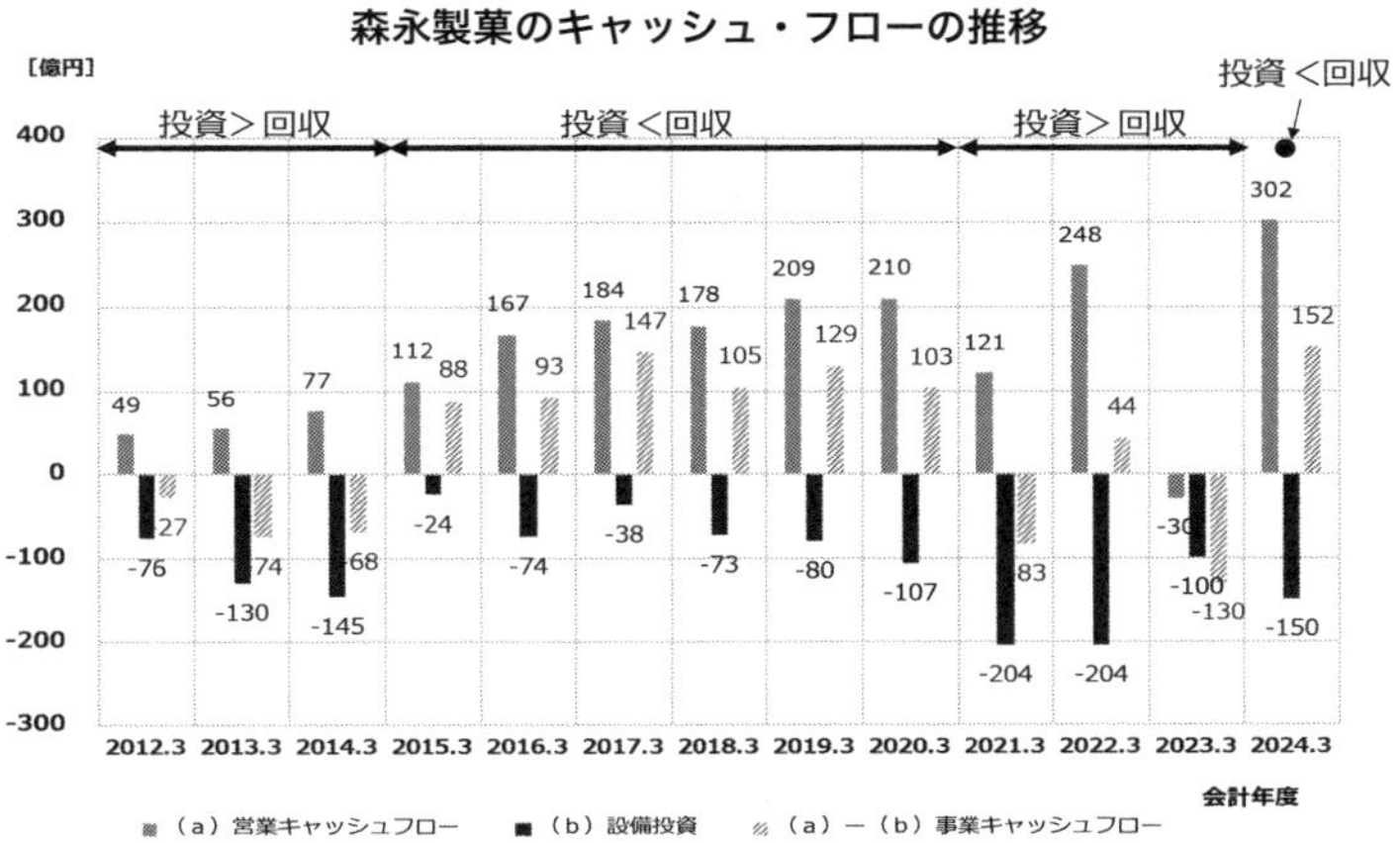

２０１８年３月期から２０２０年３月期の３年は、営業活動によるＣＦは引き続き増加傾向でしたが、設備投資が再び増加したため事業活動によるＣＦは減少傾向となりました（事業活動によるＣＦはプラスだが減少傾向）。

２０２１年３月期から２０２３年３月期の３年はコロナ禍の影響を受けたり、その反動があったり営業活動によるＣＦは大きく増減しています。

２０２３年３月期については、その前年度末に１００億程度計上していた、未払法人税等の支払いの影響もあったようです。

一方で設備投資は２０４億円とそれまでの数年間の2倍以上の金額が2年間続いた後、２０２３年3月期には１００億円程度まで抑制されています。

結果として、事業活動によるＣＦは大幅に減少したどころか3年のうち2年はマイナスの値となっています（事業活動によるＣＦが大幅減少あるいはマイナス）。

そして、２０２４年3月期には、営業ＣＦが３０２億円と大きく増加したのに対し、設備投資は１５０億円に留まったため、事業ＣＦは１５２億円と過去最高の値となりました（事業活動によるＣＦがプラス、過去のピークとほぼ同じ）。

このように、**森永製菓の事業活動によるＣＦと株価には無視できない連動性があること**が分かります。

投資家はＣＦを見て株価を見積る

ここで、各年度の事業活動によるＣＦを横軸に、株価を縦軸にプロットしてみ

森永製菓㈱の事業活動によるキャッシュ・フローと株価の関係

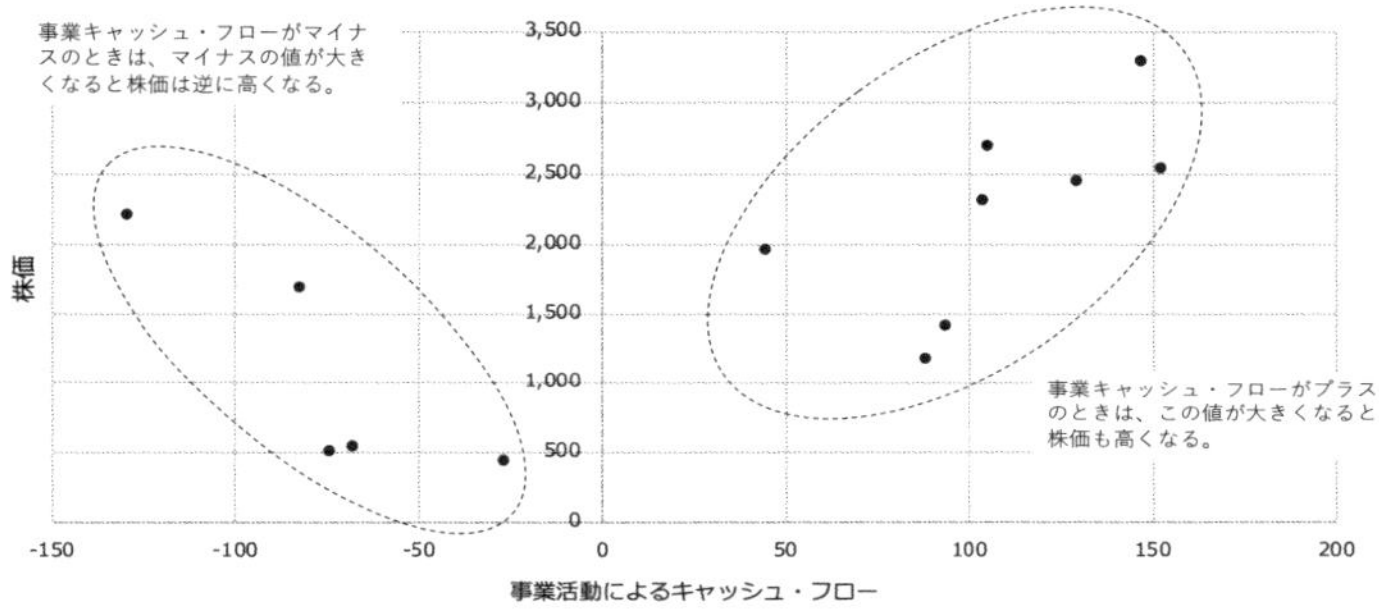

ましょう。

株価には各会計年度の決算発表があった5月初旬に近接する日として、株式会社東京証券取引所の5月の第一取引日の終値を使っています。

これを見ると、**事業活動によるＣＦがプラスになるときは、この値が大きいと株価も高くなる**傾向があります。

一方、設備投資額が大きく、結果として事業活動によるＣＦが**マイナスになるときはその逆の傾向**が見られます。

つまり、株式取引の中心的な役割を担う機関投資家は、事業活動によるＣＦをウォッチしながら妥当な株価を見積っている可能性が高いということなのです。

このような明確な傾向はすべての企業に見られるものではありません。しかし、機関投資家は直近の結果のみならず、あらゆる情報から将来的な事業活動によるＣＦを予測し、妥当な株価を算定します。

事業活動によるＣＦがマイナスの値になっても、株価は大きく下落せずに、逆に大きくなるときさえあります。それは、直近の結果に縛られず、将来のＣＦの動向を予測しているためと考えられます。

外国人機関投資家が経営方針を左右する

さて、その機関投資家ですが、中でも海外の機関投資家の存在感がこの20年間で非常に大きくなっています。

例えば、パリサー・キャピタルという英国の投資ファンドは、京成電鉄株式会社の株式のわずか1・6％しか保有していませんが、同社の保有するオリエンタルランド（ＯＬＣ）株（東京ディズニーランドを運営）の一部売却を株主提案し、それを認めさせています。

超優良株式であるＯＬＣ株を20％も保有しながら、京成電鉄の株価にはそれが反映されておらず、それなら一度現金化して今以上のリターンの得られる投資に回した方がいいという訳です。

これはまさに正論であり、少数株主の意見であってもみごとに多くの賛成票を得ることが出来たのです。

海外投資家の存在感が高まる

さて、ここで1970年から2022年までの外国法人等、金融機関（国内の銀行、投資信託、保険会社）、事業法人、個人それぞれの株式保有シェアの推移を見てみましょう。[*6]

外国法人等のシェアは、1990年ごろまでは5％前後しかありませんでしたが、その後上昇に転じ、2005年には25％に達した後、2013年以降は30％前後で推移しています。

金融機関のシェアは1995年まで40％を超えていましたが、その後減少し2005年以降は30％前後で推移しています。事業法人と個人のシェアは30年くらいのスパンで見るとやはり減少傾向で、2005年以降はともに20％前後で推移しています。

＊6　外国法人等の大部分は機関投資家であると言われていますが、一部個人の投資家も含まれています。

日本の上場企業株式会社の保有金額シェア

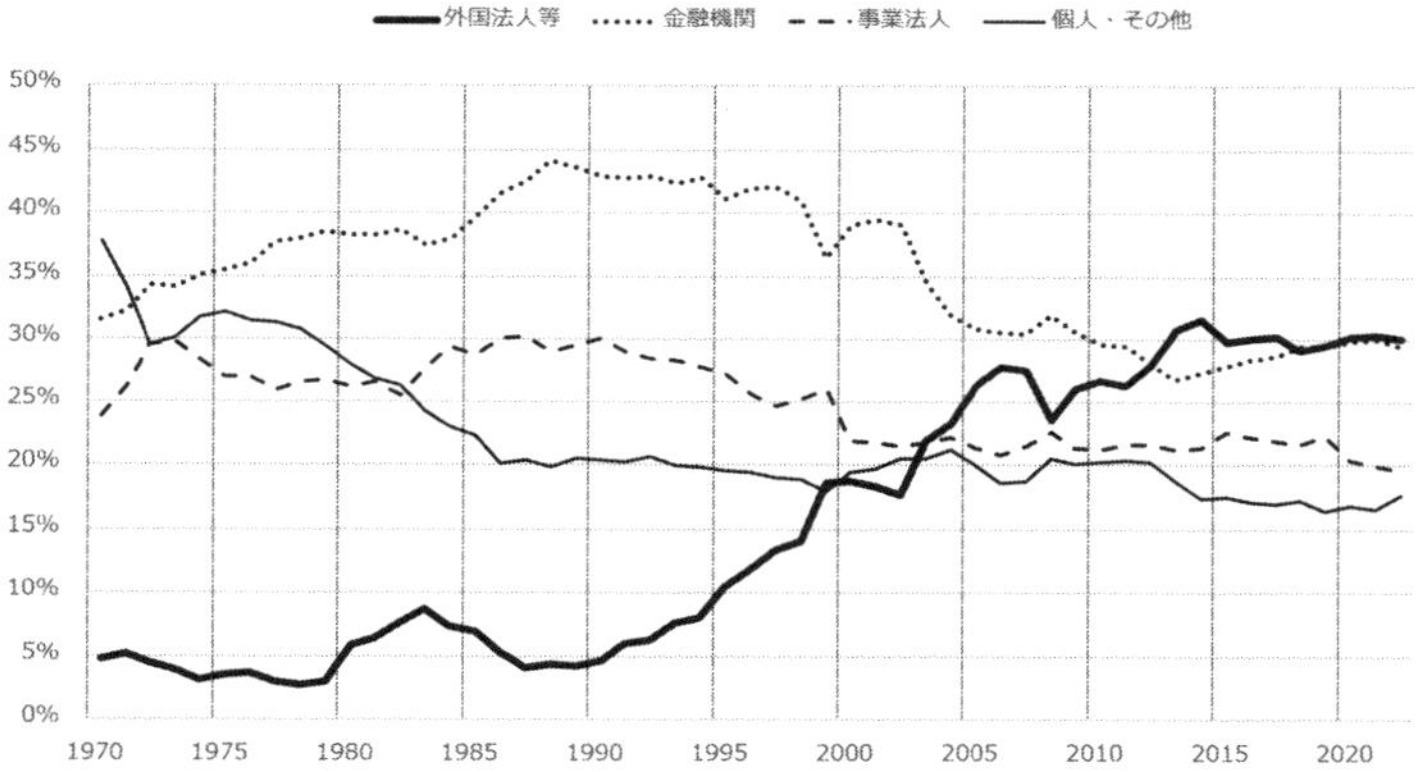

（出所）日本取引所グループ

つまり、この30年間で日本の法人（金融、非金融を問わず）や個人投資家の存在感が大きく低下し、その分**海外投資家の存在感が徐々に高まっている**ということです。

日本の株式売買の6割は外国法人

その間、日本の株価はどのように推移してきたのでしょうか？

1970年から2023年までの日経平均株価の推移を見てみましょう。

みなさんもよくご存じのように

１９８０年代後半はバブル景気と言われ、１９８９年の終値で３８９１５円まで上昇しました。１９８５年の段階では１５０００円に届かない状態にあったことを考えると、その後の４年間はすさまじい上昇率であったと言えるでしょう。

しかし、その後バブルは崩壊し、多少の浮き沈みはあったにせよ、２０１２年まで下落基調が続きました。そして、２０１３年に始まった安倍晋三政権による経済政策、いわゆるアベノミクスによって、株価は上昇基調に転じ、２０２０年のパンデミック初期の下落を除けば、２０２３年まで上昇基調が続いています。

１９９０年以降、外国人投資家の株式保有シェアは高まっていましたが、２０１２年まで株価は下落基調でした。よって、その間彼らは、割安だからもっと投資したい、しかし結果は出ないという大きなジレンマを抱えていたと推測されます。

一方、日本の法人や個人投資家は、バブル崩壊に懲りて、さらに長く続いた株価低迷に嫌気をさしたのか、その間ずっとシェアを落としていたというふうに見ることができるでしょう。

第1章　なぜファイナンスは　マネジメントに必須の知識になったのか？

日経平均株価の推移（1970年～2023年）

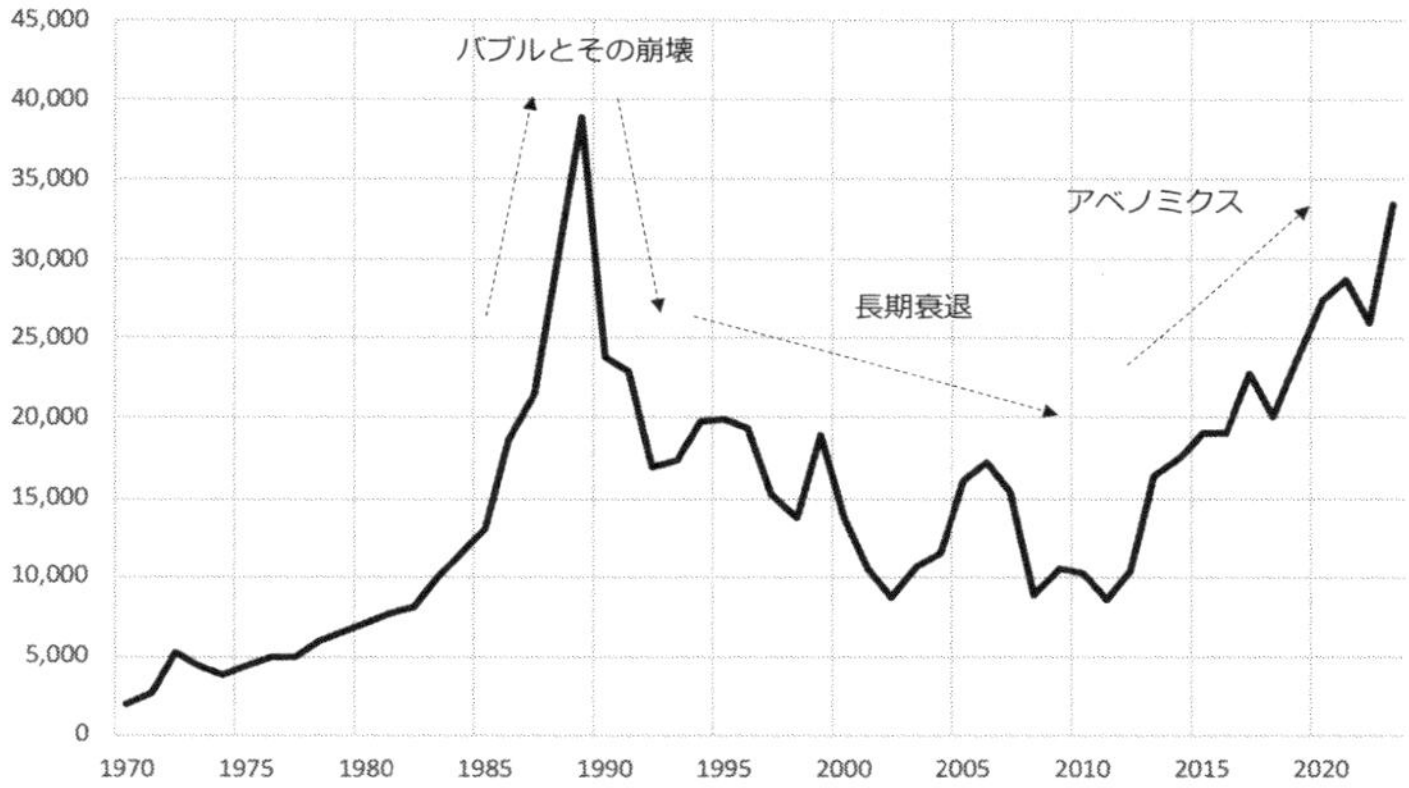

（出所）日本経済新聞　日経プロフィル。各年の終値を使用。

アベノミクスは大規模な金融緩和により、円安、ゼロ金利に誘導して、その結果として株価を急激な上昇基調へと転じさせるものでした。

日本の上場株式の投資部門別売買シェアの図を見てください。もともと保有シェアのわりに売買シェアが高かった海外投資家が、アベノミクスが始まった2013年以降さらに売買を活発化させていることが分かります。

日本の株式売買の実に6割は、主に機関投資家により構成される

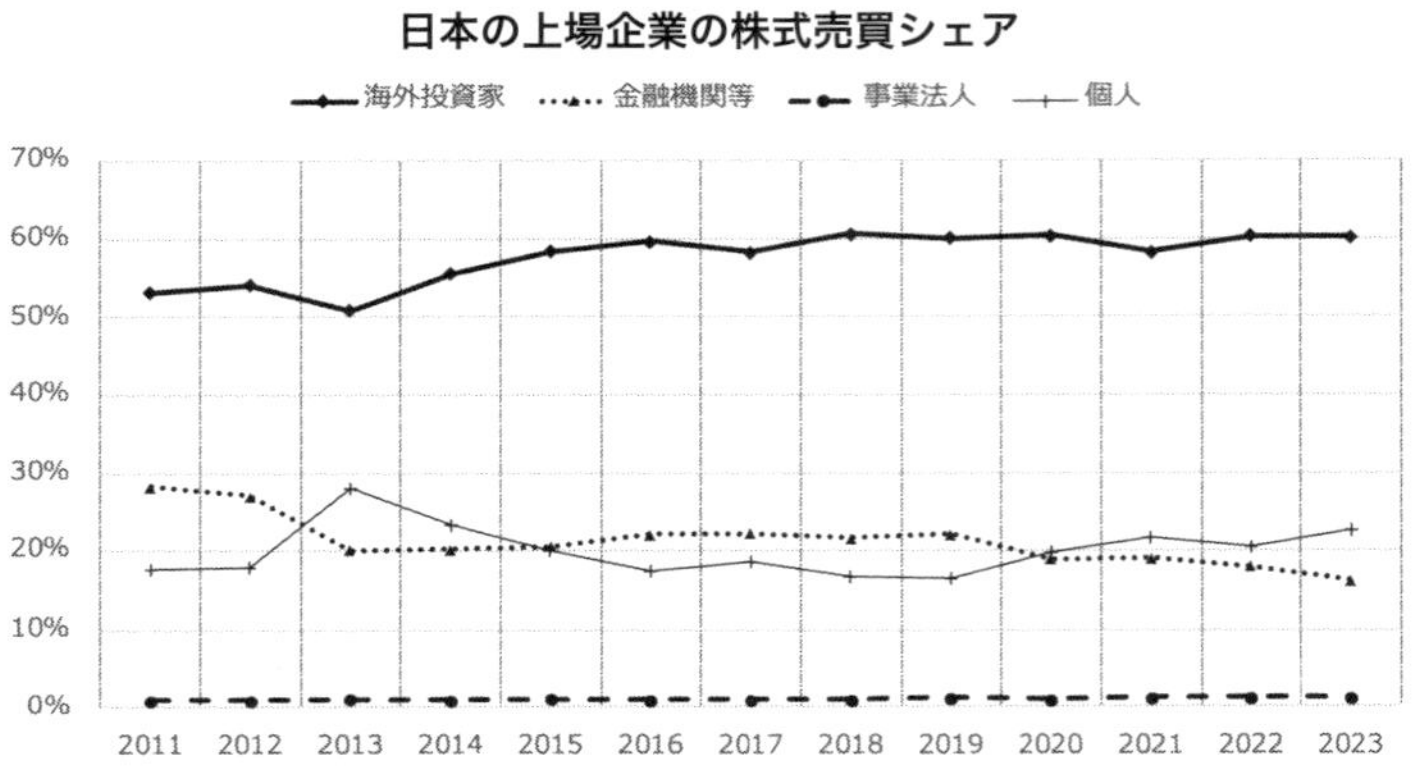

（出所）日本取引所グループ

外国法人等によるものなのです。

海外投資家が経営方針に意見する

株式会社を実際に運営するのは、代表取締役、取締役ですが、これらの人選は株主総会での承認が必要になります。

また、執行役員や事業部長などのポジションは取締役との兼任となることもありますが、いずれにしても取締役会で決定される決まりになっている会社がほとんどではないかと思われます。

つまり、上場企業のオーナーである株主の中で、**株価の上昇や高い配当を**

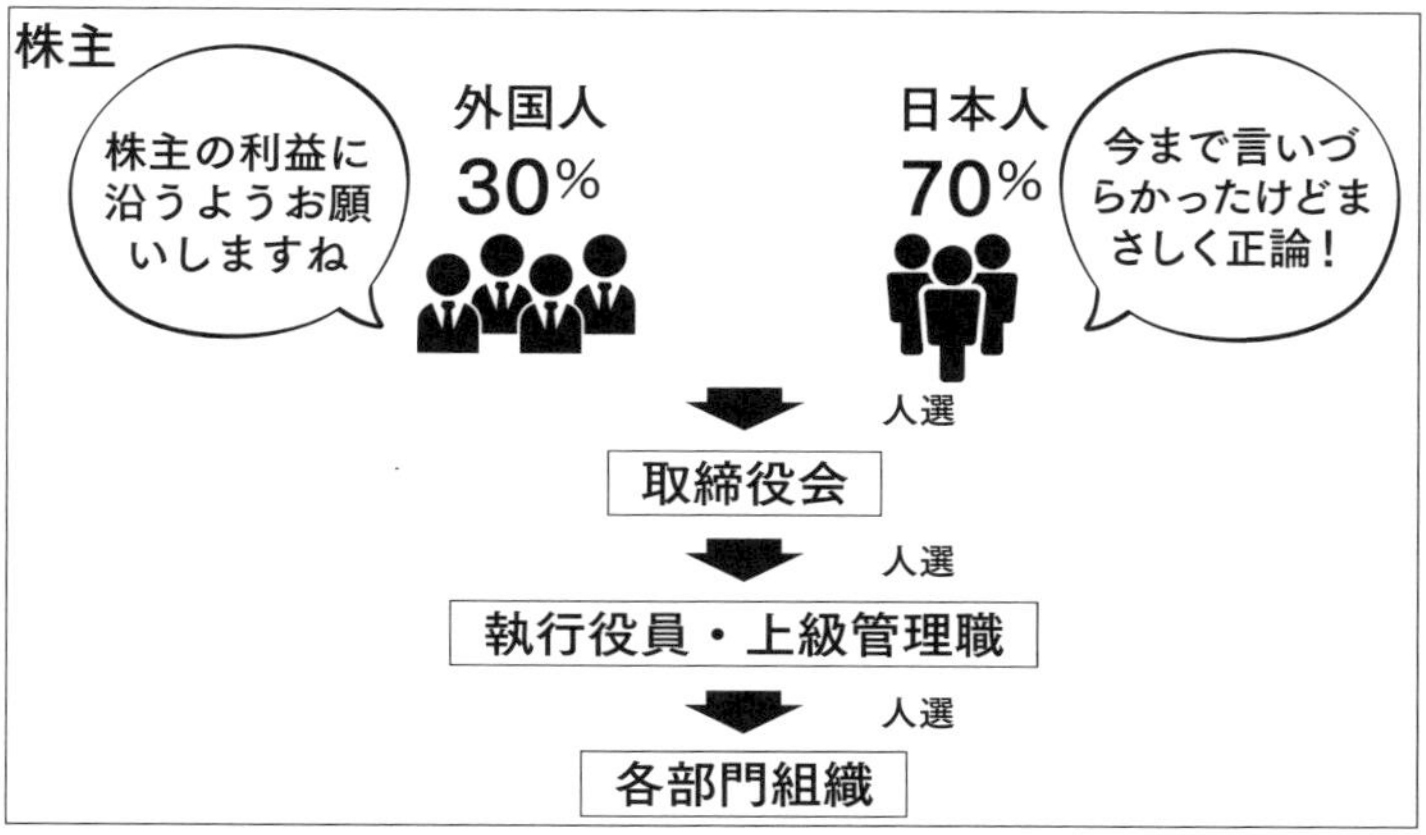

求める海外投資家の存在感が高まり、その彼らが経営層の人選や経営方針にも意見するようにすでになっているということです。

よって、これから役員や上級管理職を目指す方々にとっては、まず株主や潜在的な投資家との間の共通言語を覚え、自部門を正しくリードしていくために、ファイナンス知識の習得は避けては通れないものになっているのです。

現場で使えるファイナンス知識とは？
～ビジネスの競争力を最大化する～

既存株主を含めた投資家の期待に応えることがファイナンスの知識を使う目的のひとつだと言いましたが、それだけではありません。ファイナンスの知識を正しく使えば、企業で働く人とその家族、顧客、取引先などの全てのステークホルダーを幸せにすることが可能になります。

ＣＦを継続的に大きくすることができるなら、まずそれは給与を増やすための原資が増えることを意味します。そうすると、良い人材が集まり、人材開発への投資も増やすことができます。

また、新たな投資や研究開発への支出を増やすことも可能になります。このようにして、企業の競争力が向上していきます。

CFが増えて、株価があがると……

従業員	給料アップ！ 良い人材が集まる。
取引業者	事業拡大を期待し、良い提案が。
顧客	企業を高く評価。
M&A	有利な条件で買収できる。 買収されにくい。

株価が上がれば有利な交渉ができる

次に、株価が上がることによる効果を考えてみましょう。株価が上がって、時価総額が高くなれば、企業買収の対象になることを避けることができます。

また、ビジネスを強化するために、他社との資本提携や企業買収を考えているなら、株価が高いことは大きなアドバンテージとなります。

なぜなら、提携先、買収先の株を所得する際に、それらの既存株主に自社の新たな株式を発行し、株式を交換することが多いのですが、その際に株価が高いと有利な交換条件とすることができるからです。

このように**CFが改善し、株価が上昇する状態の**ときには、取引先はより大きなビジネスをしようと考えるため、**自社にとってよりよい提案や取引条件を積極的に提示してくる**可能性が高まります。

顧客が消費者である場合は、株価、CFなどを見て、商品やサービスを選択するということはほとんどないかもしれません。しかし、逆に消費者の強い支持を受けているのにもかかわらず、財政状態が悪く、株価が低調というケースもなかなか見ることが出来ません。

CFの改善には投資と回収のバランスが大事

この本をお読みになられている多くの方が、どのような魅力的な商品、サービスを開発しようか、それをどうやってマーケティングしていこうか、あるいは効率的に提供していこうかということに日々悩み、取り組んでいるのではないかと

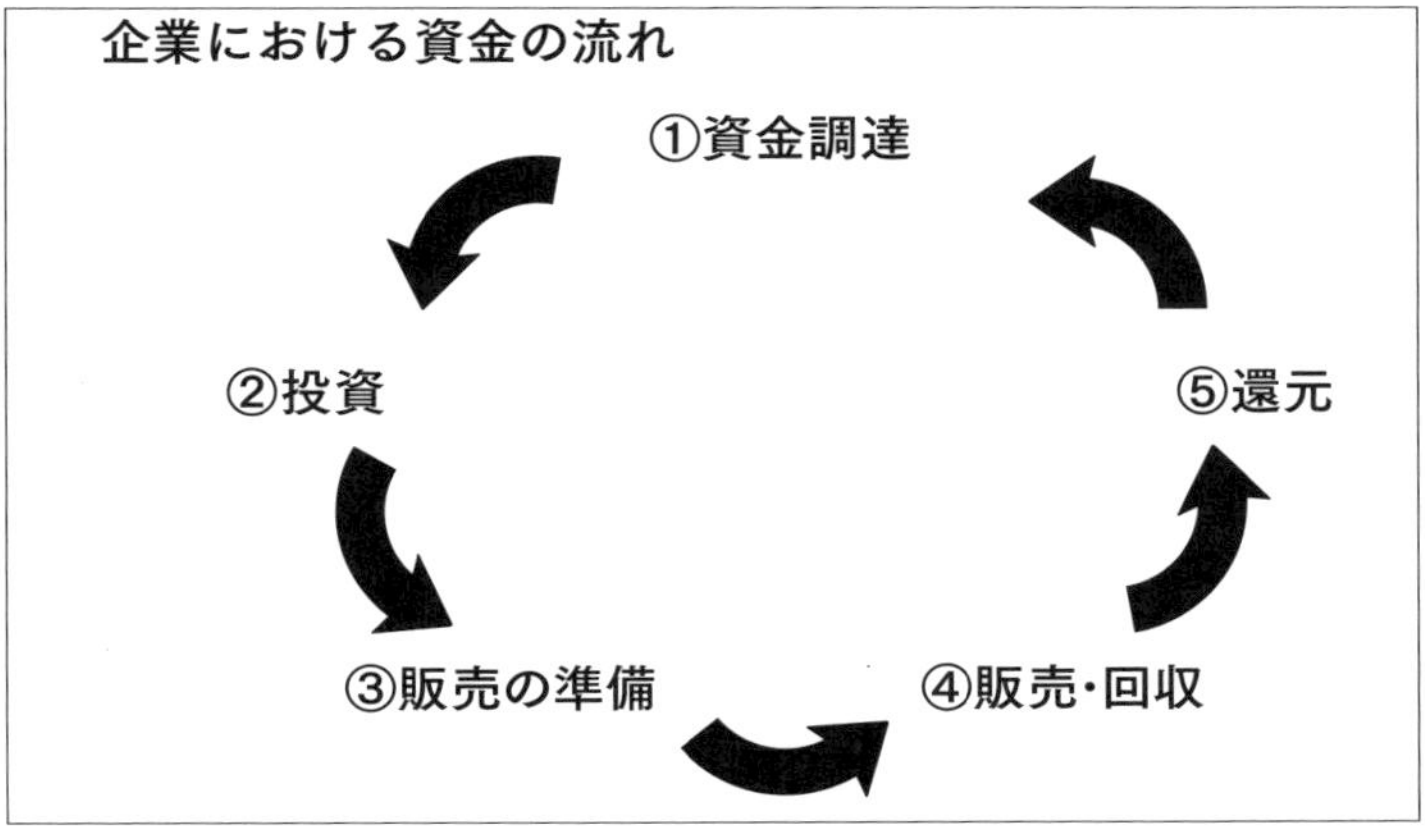

思います。

このような活動を、ＣＦの継続的な改善、その結果としての株価の向上に上手につなげることがとても重要です。それが役員や上級管理職に求められる役割ではないでしょうか？

そして、ファイナンスはそのために必要な指針を与えてくれるものなのです。

さて、ここで企業全体でのＣＦと、個別の投資判断の関係を整理してみましょう。

第2章で詳しくお話ししますが、企業における資金の流れは、図のようになっています。

成長企業の投資と回収のイメージ

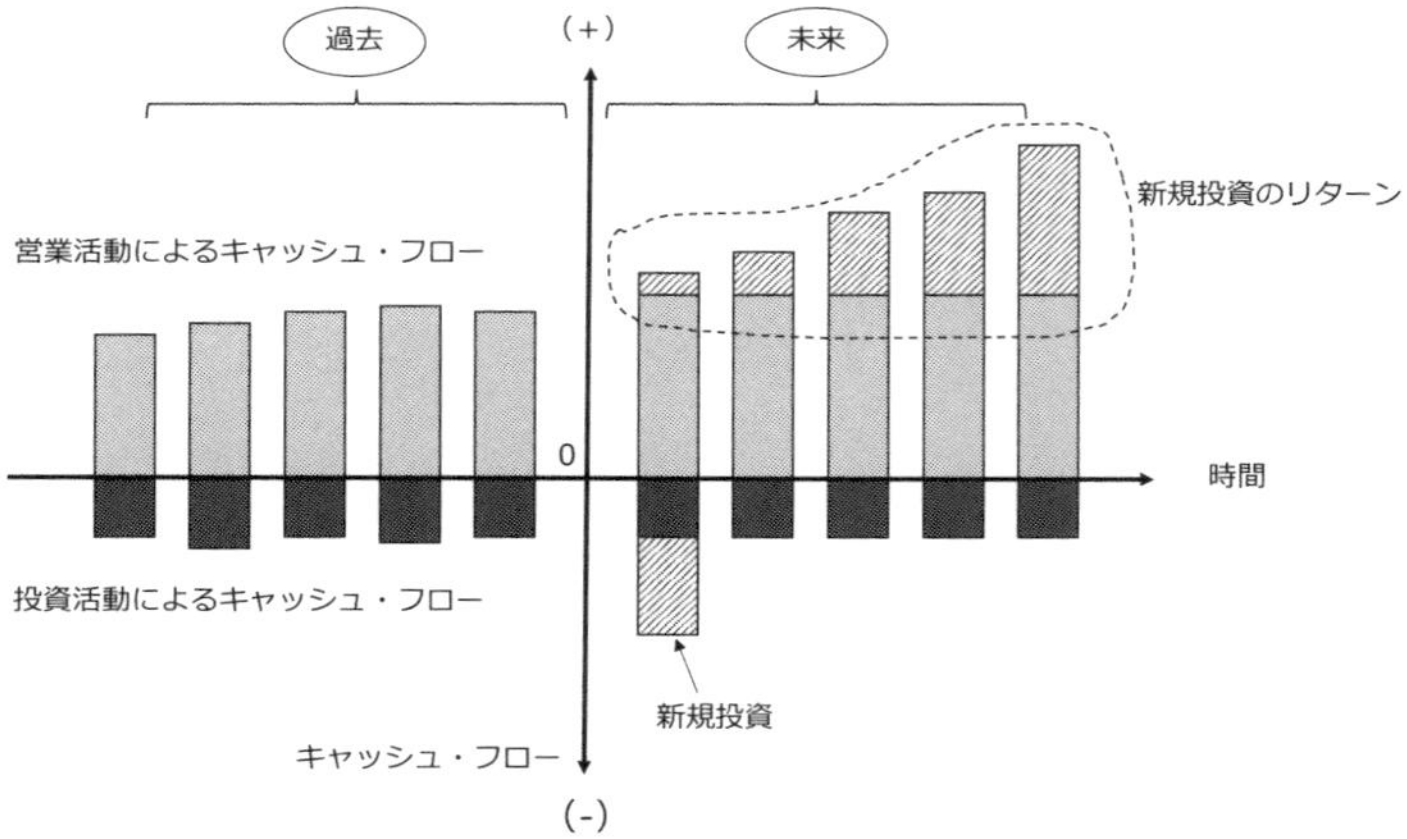

今、得られている営業ＣＦというのは、間違いなく過去の投資活動が生み出したものであるということを再認識する必要があります。

何十年も前に導入された設備が、今の営業ＣＦを生み出している場合、設備はもともとそこにあったような錯覚を覚えますが、実はそれは過去の先輩方がいろいろと考えて、苦労して導入したものなのです。

それと同じように、これから行う投資は、将来の営業ＣＦを生み出していきます。

単なる設備投資だけでなく、研究

開発、人材開発、コーポレートブランド構築など会計上は費用となるものも含めて広義の投資と考えると、その意味がより明確になるのではないでしょうか？

これまでの投資活動によって企業はある程度の期間は営業ＣＦを維持することができるでしょう。しかし、新たな投資をすることによって、一時的にＣＦ全体ではマイナスになることがあっても、将来の営業ＣＦを増やすことが可能になります。

企業の成長は、**うまく投資と回収のバランスをコントロールできるか**に掛かっているのです。

第2章

投資家目線を身につけるファイナンス思考

ＣＦＯ経験者が経営トップになる！

現在、日本の経済界では「企業価値の向上」が一大トレンドになっています。この先もこの傾向は次第に強くなっていくでしょう。

このような中、ファイナンスの分かる経営者が求められています。

例えば、ニコンでは銀行出身でＣＦＯだった徳成旨亮氏が２０２４年4月から社長に就任し、ソニーグループの社長も2代続けてＣＦＯ出身者がつとめています。

20世紀、世界的に極めて高い競争力を誇った日本企業では、企業にまず必要なものは、優れた製品やサービスであり、経営のトップはそれらに深く携わってきた人物であるべきという考え方が主流でした。

しかし、現在は自社の企業価値をどのように設計していくのか、そのためにはどこに資金を投資していけばよいのかということを先に考えることが求められるようになりました。

そして、どのような製品、サービスが必要であるかは、依然として非常に重要ではあるものの、企業価値を高めるひとつの手段としての位置づけに変わってきています。

このようなパラダイムシフトが、経営トップの人選にも影響しているということなのです。

第2章では、まず会社のお金の動きを通してファイナンスの基本を理解することから始めます。

投資フェーズから回収フェーズへ、そして余剰資金が出来たらまた成長のための投資へ、これが企業の成長の基本法則です。そのプロセスを実現するための投資家目線の考え方をお伝えしたいと思います。

投資家から見た株式会社は「お金の創出マシン」

投資家がファイナンス知識を使う目的は、企業価値を評価することであり、その結果として投資利益を最大化することでした。

言うまでもなく、投資家にとって投資先企業は「**資金の運用先**」であり、**いかに投資資産の価値を増やしてくれるか**が最大の関心事であるのです。

まずは企業を取り巻くお金の動きを整理することから始めましょう。

株式会社のお金の流れ

第1章の55ページで見た図を、さらに具体的にしてみました。

企業活動とお金の動き

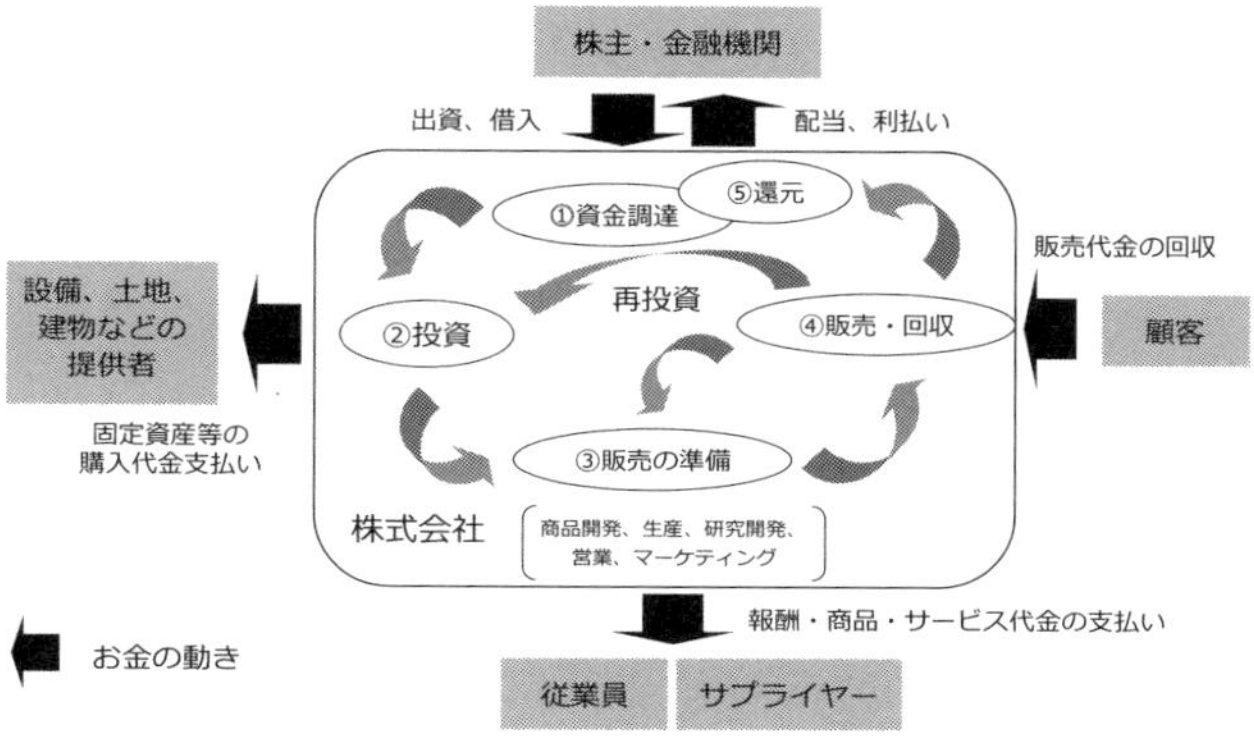

この図では、株式や借入により資金調達することを前提とし、企業を株式会社としています。

黒い矢印（⬇）で描いたものがお金の動きで、○で囲んだものが企業の活動、■で囲んだものがステークホルダー、真ん中に位置する大きな□が株式会社であると考えて下さい。

株式会社の活動はまず、**①資金調達**から始まります。

株式会社は株式の出資により誕生し、事業を拡大するために増資をします。また、必要に応じて、借入も行います。その結果、株式会社にお金が流入します。

次に、必要な経営インフラを整える必要があるので、**②投資**を行います。設備、土地、建物などの固定資産の取得がこれにあたります。これらの購入代金の支払いの結果お金が株式会社から流出します。

経営インフラを整えたら**③販売の準備**を行います。商品開発、生産、研究開発、営業、マーケティングなどの活動がこれにあたります。各種経費の支払いで株式会社からお金が流出します。

そして、いよいよ**④販売・回収**をします。販売をした時点で売上は立ちますが、まだお金は株式会社に入ってきていません。販売代金を回収してようやく、これまでに投資や販売の準備で使ったお金を一部回収することができます。

②と③株式会社から流出したお金は、④で回収され、一部は株主への配当や、銀行等の債権者への利払いとして**⑤還元**されます。また、回収されたお金のうち一

部が、借入金元本の返済にも充てられます。

そして、株式会社に残ったお金は再投資されます。

この図の中では②→③→④のプロセスを繰り返し、株式会社は成長していきます。

財務諸表（決算書）の中の、CF計算書というのは、株式会社を取り巻くお金の動きを、営業活動、投資活動、財務活動によるものに分類して報告するものですが、**③と④が営業活動、②が投資活動、①と⑤が財務活動**によるものと考えて下さい。[*7]

Fast Fitness Japanの成長

株式会社Fast《ファースト》 Fitness《フィットネス》 Japan《ジャパン》は、米国発のフィットネスクラブ、エニタイムフィットネスを日本で展開する企業です。

この会社の第10期目にあたる2020年3月期においては、まだ積極的に資金

＊7　ただし、支払った利息は、受け取った利息とあわせて営業活動によるCFに分類することになっています。これはあくまで会計上のルールであり、ここでは資金の大きな流れという意味で、債権者への還元に含めています

株式会社 Fast Fitness Japan の資金の動き　第 10 期（2020 年 3 月期）

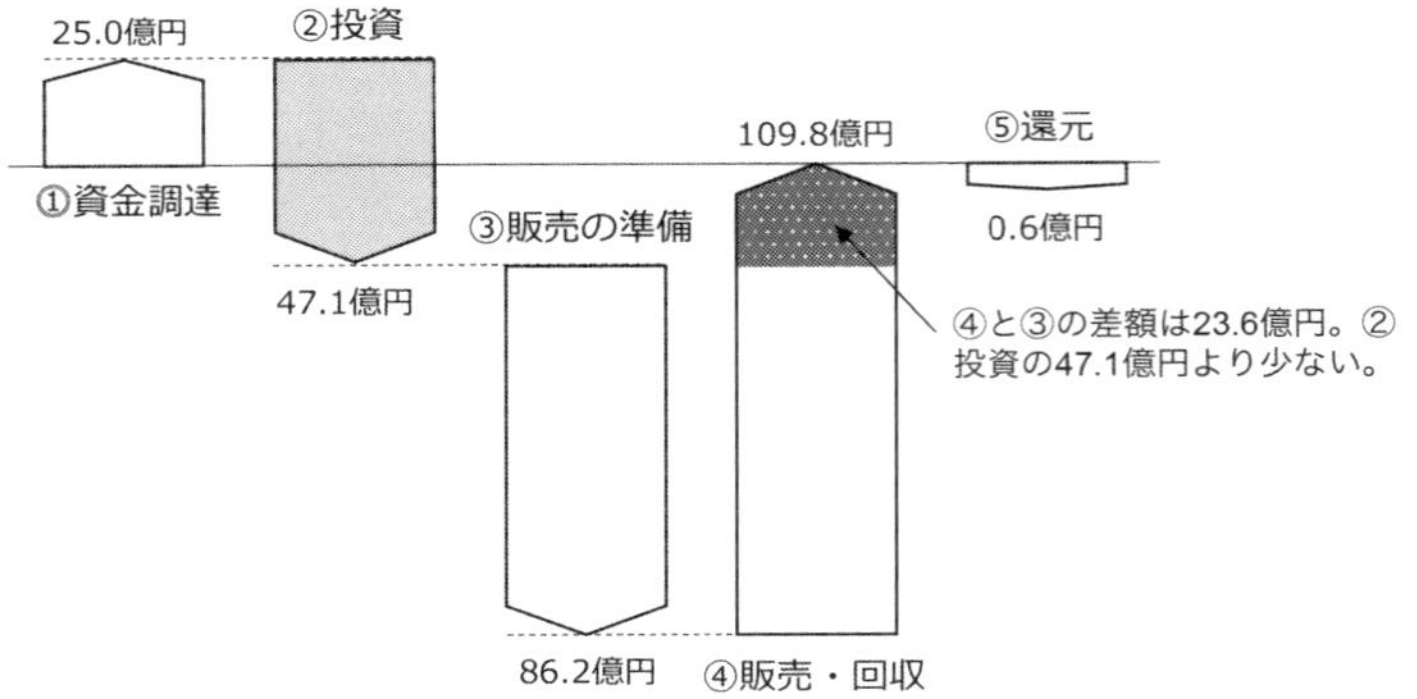

調達をして投資を行っており、過去の投資を含めた回収金額は単年度の投資金額を下回る状態にありました。

具体的には、

①資金調達が25・0億円
②投資が47・1億円
③販売準備が86・2億円
④販売代金回収が１０９・８億円
⑤資金還元が０・６億円

④と③の差額が23・6億円ですから、②の投資額より少ないことが分かります

（①~⑤の金額は、同期の連結損益計算書および連結ＣＦ計算書より著者が推定）。

株式会社 Fast Fitness Japan の資金の動き　第 13 期（2023 年 3 月期）

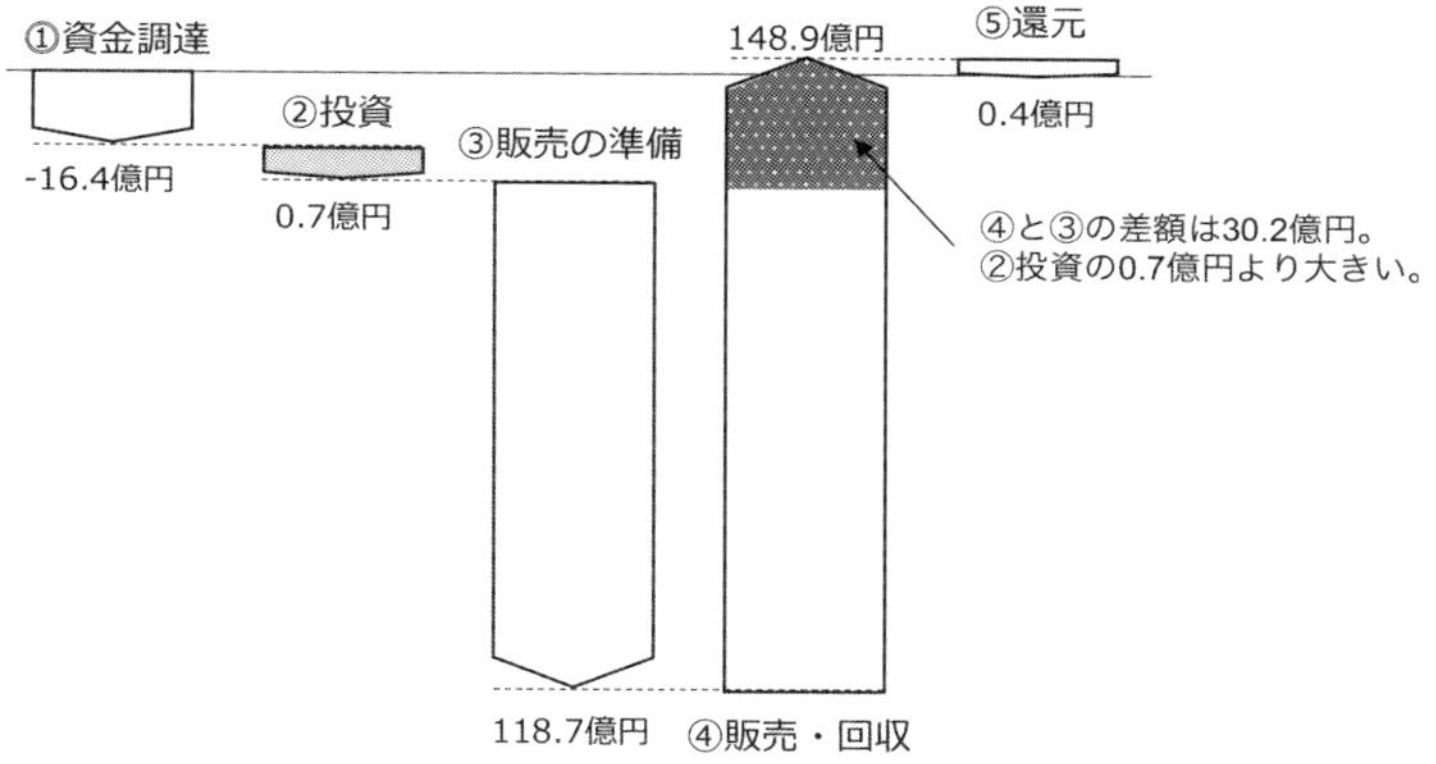

創出されたお金は、一部は還元されますが、残ったものは再投資されて、さらにお金を生むことが期待されます。

投資家は、株式会社に事業に使われていない預貯金があるのを嫌います。また、お金を生まない資産を持ち続けるのも同様です。

同社は、第13期目にあたる２０２３年３月期には、

①資金調達がマイナス16・４億円（借入金元本を返済したり、発行した株式を買い戻したりしているということ）

②投資が０・７億円

③販売準備が１１８・７億円

④販売代金回収が１４８・９億円

⑤資金還元が0・4億円

④と③の差額が30・2億円ですから、②の投資額よりはるかに大きいことが分かります。つまり、事業活動によりお金を生めるようになったということです（①〜⑤の金額は、同期の連結損益計算書および連結ＣＦ計算書より著者が推定）。

このように、Fast Fitness Japanは10年以上続いていた資金調達と投資のフェーズから13年目には過去の投資からの回収をメインとするフェーズに完全移行しています。

これは理想的な会社の成長パターンと言えるでしょう。

企業価値＝見積りの価格

少しドライな表現になるかもしれませんが、投資家から見ると株式会社とはお金の創出マシンであるということがお分かり頂けたと思います。拝金主義で、倫理観に欠ける、良くない考え方だと思われるのももっともです。

しかし、投資家の中でもメインプレイヤーである機関投資家は、年金基金であったり、保険会社であったり、投資信託であったりするわけで、彼らは預かったお金を投資により最大化する義務を負っています。

また、個人で株や投資信託に投資をされている方であれば、株価や基準価格が大きく上昇したり、思った以上の配当金や分配金の通知が来たりすれば嬉しく思うでしょう。実はそれと同じことなのです。

ここで、企業価値とは何か？　ということについて、結論を先に述べておきたいと思います。

それは、**お金の創出マシンの「見積りの価格」**のことです。

Fast Fitness Japan の場合ですと、仮に今後も③販売の準備と④販売・回収の差額、つまり会社が生むお金が毎年30億円程度で継続するならば、一体この会社の価値はいくらになるだろうかと見積られているのです。

投資家の中でも、機関投資家と呼ばれる人たちはそれぞれ企業価値の評価額を持っています。

それは、対象となる会社の成長予測がそれぞれに異なるからです。その**市場価格が株式の時価総額**と呼ばれるものなのです。

これらを発行株数で割ったものが、それぞれ一株当たりの企業価値、株価となります。

そして、両者を比較して株式売買の意思決定を行います。

投資家思考の3つの基本

[1] すべてをキャッシュベースで考える

ここからファイナンスに関する３つの基本的な考え方を順に説明します。

１つ目は、「**すべてをキャッシュ（お金）ベースで考える**」というものです。

「誰が」そう考えるのでしょうか？

そうですね。投資家はそのように考えるということです。

企業活動はお金がすべてではもちろんありません。そこで働く人、素晴らしい商品やサービス、伝統、技術、ブランド、それらを支えてくれるお客様、そしてコミュニティとの関わり。これらはとても大切なものです。

しかし、ファイナンスは投資家目線で考える知識であり、方法論です。

ですので、ここでは一旦、客観的にものを見て、彼らの頭の中を想像して見て下さい。そうすることがファイナンスの理解の近道になるはずです。

投資家目線と会計目線

前項で、株式会社を取り巻くお金の流れについて、説明しました。

この中で「①資金調達」については、株式によるものであっても、借入によるものであっても、株式会社の中に入って来るのはお金ですので、この考え方に全く矛盾はないでしょう。

しかし、次の「②投資」においては、株式会社からお金が流出する代わりに、設備、土地、建物などの会計用語でいうところの固定資産を取得することになります。

このときの会計処理は、支払った金額分の預金が減少し、その同額の固定資産が計上されて、資産の内容が入れ替わっただけ、**帳簿上は１円も失っていない**というふうに扱います。

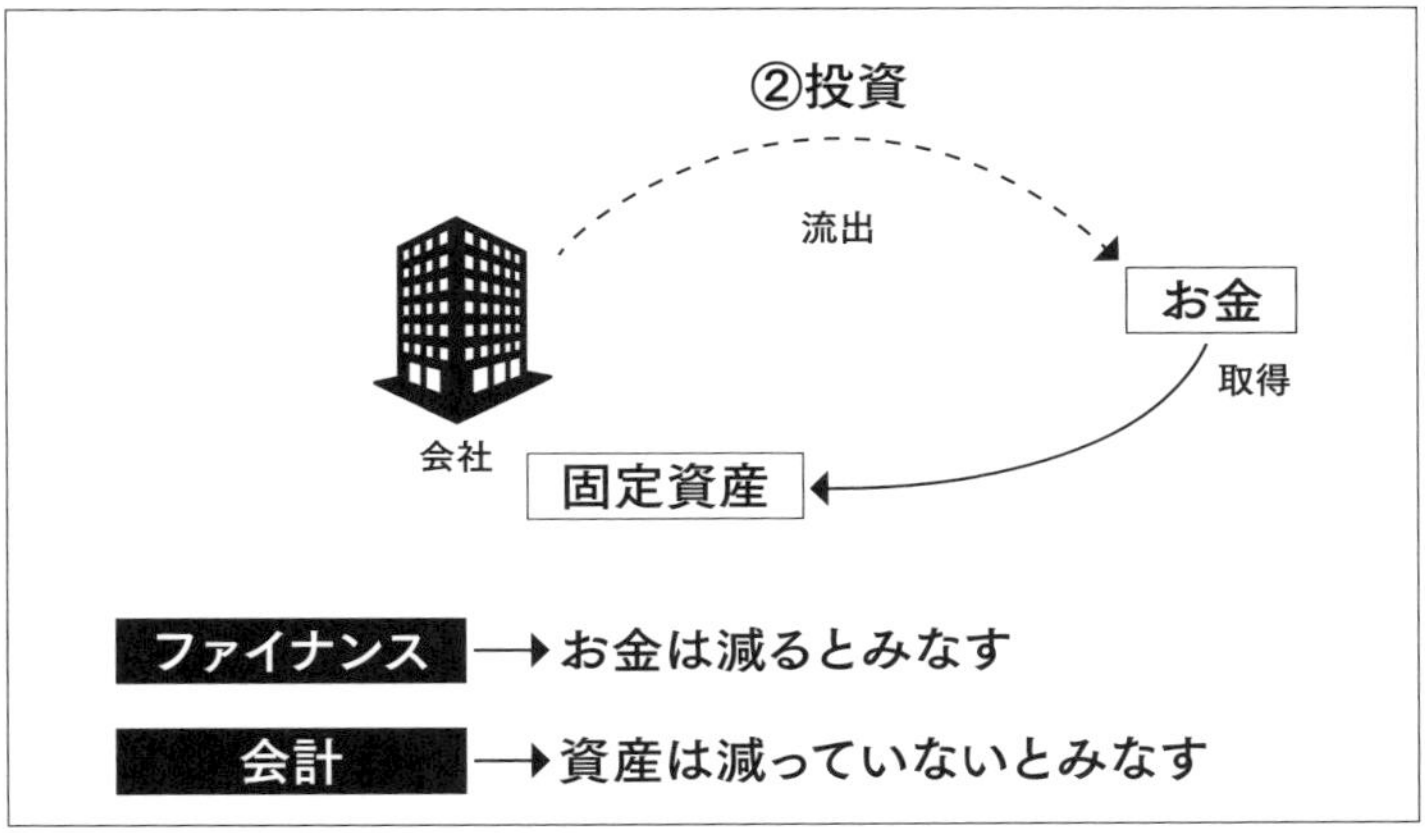

ところが、ファイナンスにおいては、②のようなプロセスを経ると、**お金は使ってしまってもうない**と考えるのです。

と言っても、本当に価値がないと考えているわけではありません。

固定資産そのものには、価値がない代わりに、**それが将来に渡って生み出すお金には価値がある**と考えるのです。それは具体的には、資金の流れの「④販売と回収」で株式会社に流入するお金から、同じく「③販売の準備」で流出するお金を差し引いたものです。

もちろん、固定資産の中には、投資として購入された有価証券、転売可能な不動産などもありますので、このような「またお金に戻すことができる」というものについては、その価値を別途評価します。

しかし、多くの固定資産の取得に関しては基本的にはお金は使ったらなくなってしまうものだと割り切って考えます。

「③販売の準備」についても同様です。

商品開発や研究開発をすればノウハウが残り、モノを製造すれば在庫が残ります。あるいは、長い時間とお金をかけて築き上げた企業や製品のブランドというモノも存在するでしょう。

しかし、ここでも割り切ってお金は使ってしまったとし、代わりにそれらが将来に渡って生み出すお金には価値があると考えるのです。

「④販売と回収」については、一般消費者向けの事業でない限り、一旦売掛金を立ててから、後日入金という形を取ることが多いと考えられます。

しかし、基本的には顧客からの銀行送金や、クレジットカード会社からの振り込みなどのような入金という形を取ると思いますので、特に違和感なく理解できるものと思います。

最後に、「⑤還元」ですが、配当金、利払い、元本返済のいずれにおいてもお金を渡す形で完了しますからやはり違和感はないでしょう。

投資家はリターンに着目する

このように、投資家が駆使するファイナンスという方法論のベースには、「全てをキャッシュ（お金）ベースで考える」という考え方があります。

とは言え、やはり取得したばかりの固定資産や、明らかに価値のあるノウハウ、ブランドあるいは在庫に価値がないと考えるのには違和感がありますよね。

これについては、日本のプロ野球所属の選手の移籍を思いうかべると分かりやすいでしょう。大谷翔平選手が日本ハムからエンジェルスに移籍するとき、日本ハムに約22億円が支払われたのをご存知でしょうか？

移籍先チームにとっては、これは投資活動の一環です。獲得した選手が活躍すると、チームの成績が良くなり、チケット、放映権、グッズ販売などの売上が伸びます。ですので、チームは投資を積極的に行います。

しかし、投資した時点では結果がどうなるかは分かりません。うまくいけば選手の資産価値が投資額通り、あるいはそれ以上だったということになりますし、そうでなければ投資倒れということになるでしょう。

選手が若手ですと、育てて保有権を売るということもできます。実際に、そのような「投資利益」獲得を生業の一部とするチームもあるようです。

しかし、基本的には移籍金は一旦使ってしまうともう帰ってこないので、代わりに**リターンに着目しようと「考える」**のです。

ただし、将来稼ぐお金には、次にお話しする「貨幣の時間価値」という考え方が適用されます。

投資家思考の3つの基本

[2] 貨幣価値は時間が経つと劣化する

「**貨幣価値は時間が経つと劣化する**」ということに関しては、第1章の32ページで、投資を検討しているレストランの年間のＣＦ８００万円は、投資の運用利回り5％を考慮すると、１年目に関しては現在価値で７６１・9万円、２年目は同じく７２５・６万円となるとした事例で説明した通りです。

20年間で55％も価値が下がった

ここでいきなりですが、２００１年から２０２１年までの米国におけるビッグマックの価格の推移を確認してみましょう。

米国におけるビッグマック価格の推移

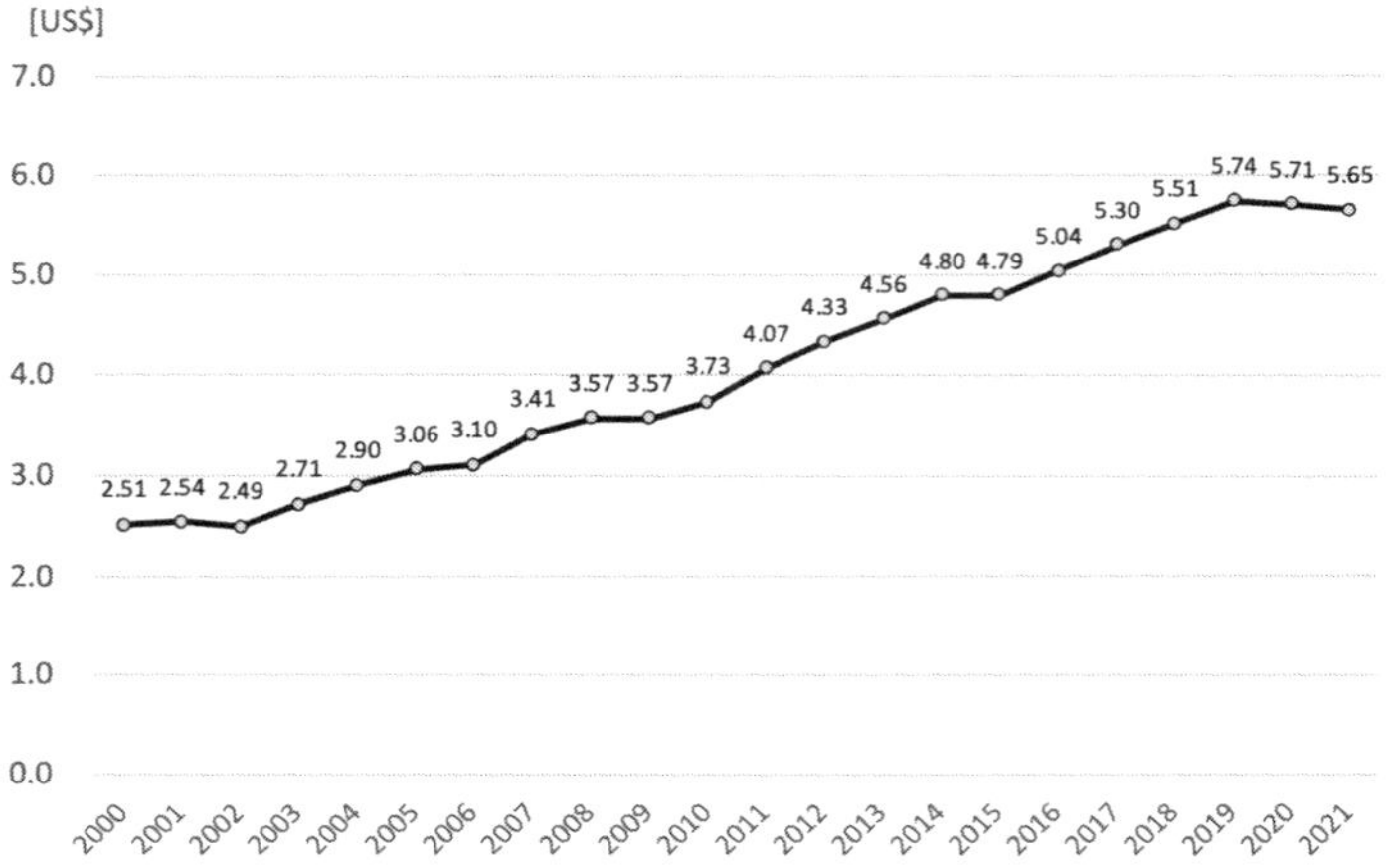

ちなみに、この数値は各国の物価水準を比較するために用いられるもので、ビッグマック・インデックスと呼ばれ、イギリスの経済専門誌『エコノミスト』によって毎年報告されています。

この図から明らかなように、米国のビッグマックの価格は2001年に2・54ドルだったのが、2021年には5・65ドルですから**20年間で2倍以上**になっています。

もし、米国において、同期間に消費者物価がビッグマックと同様に上昇しているとしましょう。

その間、現金で１００ドルを持ち続けていると、その価値はどの程度劣化したでしょうか？

２００１年には39・４個[*8]ビッグマックを購入することが出来ましたが、２０２１年になると17・７個[*9]しか購入できません。つまり、**20年間で55％も価値が劣化した**ということです。

この劣化を補うためには、定期預金に入れるなり、投資商品を買うなりして、税引き後で年間４・１％の利回りを得る必要があります。

日本では２０２１年まで25年間あまり、物価上昇率はほぼゼロ付近で推移していましたのでなかなか実感しにくいですが、**物価が上昇するだけで、貨幣の価値はどんどん劣化していく**ものなのです。２０２２年から日本でも明らかな物価上昇が始まりましたので、われわれの現金や預金の価値はすでに目減りを始めています。

＊8　100÷2・54＝39・4

＊9　100÷5・65＝17・7

7%を考慮しても回収できるかどうか

これを投資家目線で見るとさらにひどいことになります。この20年間に米国の株価は4・15倍[*10]になっていますから、**年率では7・3%の上昇率**でした[*11]。株式投資をせずに現金で置いておいたことによる**価値の損失は累積でなんと75・9%**となります。

日本の株式市場における主なプレーヤーは外国人投資家です。彼らが日本株に投資する理由は、**株価の上昇と配当利回りを期待するから**です。日経平均株価は、49ページで見て頂いたように、1990年まで急上昇し、その後20年あまりの間は下落傾向にあり、2013年から再び上昇に転じましたので、どのように平均的な姿をイメージすればよいのか難しいところです。

しかし、1970年代まで遡り、その後の日経平均株価の上昇率と配当利回りの実績から、両者合わせて年率7%ほどの運用利回りがあったことが確認できま

＊10 S&P500指数　各年の終値で比較

＊11 配当利回りは入れていません

す。これを２０１３年以降のアベノミクス期からパンデミック期に絞ると、年率で10%を超える値となります。

つまり、国内においても株式投資の世界では、「貨幣価値は時間が経つと劣化する」ということが常識であり、しかもその値が投資家によって多少の算出結果の違いはあったとしても、年率７%前後はあったということを認識しておく必要があるのです。

このような投資実績があったことを前提とすると、株式上場している各企業が投資を検討する際にはどのようなことが求められるでしょうか?

それは株主が期待する運用利回り（例えば年率７%）を考慮しても、しかるべき期間に投資を回収することができる計画を作り、それを確実に実践することに他なりません。

投資家思考の3つの基本
[3] 投資は回収されなければならない

ファイナンスの基本的な考え方の３つめは、「**投資は回収されなければならない**」です。

これはあたりまえのことを言っているようですが、とても大切な考え方です。

第１章で使ったレストラン事業への投資のケースでは、まず5年間の回収予測を立てて、次にそれを貨幣の時間価値の概念を反映させた金額へと調整し、最後に投資額との比較を行って意思決定しました。

ファイナンスの直接的な目的は「**見積り**」です。しかし、**その結果を投資額と比較をして、意思決定をする**ということこそがファイナンスの究極の目的であるのです。

つまり、たとえ回収計画が華やかなものであったとしても、投資額が大きすぎれば、魅力的な投資にならない可能性もあり、その逆もあり得るということです。

通常の業績評価であれば、売上も利益も大きければよいとなりますが、ファイナンスはそこが違います。**投資と回収のバランスを取る**ことが非常に重要だということです。

投資を回収するのは難しい

投資が回収されるのはあたりまえでしょうか？

実体は、決してそうではありません。

金融投資なら株で大損をする、企業内においては大失敗のＭ＆Ａ案件、お金を捨てたようなものだと陰口を叩かれる大型投資などなど。

こういった現象を回避するためには、まず何よりも先に、ファイナンスの考え方、投資家が期待する利回りについて深い理解をすることが必要です。

そして、楽天的、平均的、悲観的というようないくつかのシナリオを描いて、意思決定に柔軟性を持たせる必要があります。

事業計画で承認された投資額だから全額使おうとか、事業部門長が描いたシナリオだから、それ以外のオプションを検討せずに進めるなどということはできるだけ避けなければなりません。

また、投資額がいくらで、収益計画がこうだから判定はこうであると機械的に意思決定するのではなく、投資額が高すぎるのであれば**スペック変更や交渉で金額を抑え込む**、回収額が低すぎるのであれば**原価低減計画や増収計画を盛り込んでいく**といった地道な作業が求められるのです。

たとえチャレンジングであったとしても、現実離れしていないということが最低限の条件です。

そして、回収されない可能性が高いのであれば、見た目は魅力的な投資でも実行しないという勇気も必要になるでしょう。

投資家思考の3つの基本をまとめて

1　全てをキャッシュ（お金）ベースで考える
2　貨幣価値は時間が経つと劣化する
3　投資は回収されなければならない

ここまで、ファイナンスの基本的な考え方を3点に絞ってお話してきました。
これらは、3つの独立した要素ではなく、互いに強い関係性を持っています。
簡単に言うと、投資の回収計画はキャッシュベースで行いましょう。
ただし、回収額に関しては、貨幣の時間価値の概念を取り入れましょう。
見積りした回収額と投資額を比較して、実行するべきかどうか慎重に決めましょう。

ということです。

また、この3つは互いに強い関係性を持つだけではなく、実際の業務でファイナンス知識を使う際のプロセスの順番にもなります。

ファイナンスの専門書を開くと、株式の期待リターンはどうやって決まるのか、あるいは株式の期待リターンと借入金利をまとめてどうやってひとつの金利として算出するかなど、やや難解な理論がたくさん紹介されています。

役員、上級管理職、それらのポジションの予備軍の方であれば、こういった理論のエッセンスを理解しておく必要はあるでしょう。しかし、これらは実際のところは、経営企画部門や財務部門の専門家が必要とする理論であり、ほとんどの方にとってはあまり縁のないものです。

それよりも、**ある株式会社の目標投資リターンを年率8%と決めたら、その条件下で投資プロジェクトを無理なく計画し、確実に実行できることの**方がはるかに重要です。

さらに言うならば、**普段から収益性の高い商品やサービスを創ることや、投資額を低く抑えることのできる製造装置やサービスインフラの開発に注力すべき**でしょう。

良い材料なしに、良い料理を作ることが難しいのと同様に、いざ投資をしようかというタイミングになって、あわてて準備を始めても遅いのです。

ファイナンスとは、それそのものが力を持つのではなく、企業で働く人々が作り上げた様々なノウハウを結集させ、求められる結果を生み出す計画を策定する際に必要になるツールなのです。

ファイナンスとアカウンティングの4つの違い

ここまで読んで頂いて、ファイナンスについて概念的な理解が少し深まってきたのではないでしょうか?

最後に、ファイナンスと会計（以下、アカウンティング）の違いについて、26ページよりさらに詳しくまとめたいと思います。主に4つの違いがあります。

使用目的：「意思決定」と「報告」

ファイナンス知識を使う目的は、「**見積りと意思決定**」です。これは投資家による金融投資、不動産投資においても、企業におけるM&Aや設備投資においても言えることです。

一方、アカウンティングの目的は「**報告**」です。財務会計と呼ばれるものは、企業が投資家や債権者向けに業績を報告するためのものです。管理会計は企業の各組織が、企業内のマネジメントに対して業績を報告するためのものです。

時間軸：「今〜未来」と「過去」

ファイナンスは、「**今**」行おうとする投資があって、それに対して「**未来の回収**」があります。貨幣の時間価値とは、未来を今に引き戻すための概念です。そうすることによって、様々な未来のタイミングで得られる回収金額を、「今」というタイミングに基準を揃えて足し合わせ、さらに「今」行おうとする投資金額と比較することを可能にします。

一方、アカウンティングは、基本的に「**過去**」の「**業績の評価**」です。

例えば会計年度が２０２１年3月期とすると、それは過ぎ去った過去を意味します。

損益計算書やＣＦ計算書はその「期間」の業績がどうであったかを報告し、貸借対照表は「期間」の最後にいくら資産と負債が残ったかを報告するものです。

これらは財務会計の範疇のものですが、管理会計も事業部、○○部、○○課と範囲が狭まっただけで時間軸が存在することに変わりはありません。

ひとつ例外を言うなら、損益計画や資金計画です。しかし、これらはあくまで計画であり、描くことそのものが目的です。言い換えれば、将来報告されることになる結果の目標値や期待値を描く行為とも言えます。

ルール：「自由」と「厳格」

ファイナンスには、**厳密なルールは存在しません**。ファイナンスに関する教科書や入門書には書いてある理論は共通したものですが、それをどのように適用するかはファイナンス知識の使用者、つまり金融投資や事業投資を検討する人に委ねられるということです。

例えば、未来のビジネスシナリオをどう描くか、投資利回りをどのように設定するか、どの程度の期間を対象に見積るかといったことには、もちろん常識の範囲は存在しますが、基本的には自由に決められるものなのです。

アカウンティングには**厳格なルールが存在します**。

財務会計には会計基準というものが存在します。例えば、日本会計基準、米国会計基準、国際会計基準と言ったものです。

管理会計も、社内の厳密なルールに則り作成することが手順書などで決まっていて、各部門が恣意的にコントロールできるものではありません。

さて、会計にはもうひとつ税務会計というものもありますが、これは各国の税法で定められたルールに則り法人税を計算するためのものです。やはり、厳密なルールと言ってよいでしょう。

このように、会計にはどのような種類のものでも厳格なルールが存在すると考えて下さい。

答えの数：「多数」と「ひとつ」

ファイナンスには標準的な理論はあるが、厳密なルールがないため、結果として**ビジネスシナリオや設定利回りなどの条件の数だけ評価結果が存在します。**

一方アカウンティングは厳密なルールが存在するので、基本的には**ひとつの答えしかありません。**これは財務会計、管理会計、税務会計に共通した特徴です。

幅を持たせた情報がカギ

このようにファイナンスとアカウンティングは、ＣＦなどの共通した用語が頻繁に使われるにもかかわらず、全く異なる性質を持っています。

厳密なルールがなく、何が正しい答えか分からないとなると、不安に思われるのは当然です。しかし、**ファイナンス知識を使う究極の目的が意思決定**なので、意思決定者が正しい判断ができるように、幅を持たせた情報提供を行うと考えてください。

そのために、最初にやるべきことは**理論をきっちり押さえる**ことです。

といっても専門書に書いてある難しい計算式まで理解する必要はありません。実務で使うには、本書の第4章、第5章を理解しておけば十分だと思います。

そして、次にやるべきことは**シナリオや計算の設定条件を変えると、評価結果にどの程度変化が起きるのかを押さえる**ことです。

これらを調整すると評価結果が恐ろしく変動します。そのことを知らずに投資計画を立案することは、ブラックボックスに大切な資金を投じるのと同じくらい危険なことです。

これは、たくさんやってみる以外に方法はありません。このことについても、第4章、第5章の中でお話ししていきたいと思います。

	ファイナンス		会計
使用目的	見積と意思決定	⟷	報告
時間軸	今～未来	⟷	過去
ルール	存在しない	⟷	厳格なルールあり
答えの数	条件の数だけ存在する	⟷	ひとつだけ

第 3 章

企業価値評価のベースとなる「B/S（バランスシート）」

ユニコーンはなぜ未上場で10億ドル以上の企業価値がつくのか？

ファイナンスの目的のひとつである**企業価値評価は、B/S**《バランスシート》**（貸借対照表**《たいしゃくたいしょうひょう》**）を、もともとの形から、企業価値を反映したものへと「変換していく作業」**です。

あるスタートアップ企業はまだまだ資産も負債も大きな額ではなく、純資産としても、例えば1億ドル（1ドル150円として150億円）しかなかったとしましょう。それでも、投資家はユニコーン[*12]と呼ばれる10億ドル（1ドル150円として1500億円）以上の価値があると評価することがあります。つまり、**現状を示すB/Sに、将来期待できるリターンを加えて評価**するということです。

広島県は、シンガポールのコンソーシアム（共同企業体）、広島銀行と組み、県

＊12 ユニコーン企業 ①創業10年以内、②企業価値の評価額10億ドル以上、③未上場、④テクノロジー企業 の4つの定義を満たす企

内企業と東南アジア企業との提携を仲介するなどしてスタートアップの支援を強化しています。広島からユニコーンを生み出そうという訳ですが、なぜ地方自治体である広島県が、熱心にこのような動きをするのでしょうか？

それは、**その企業が生み出す将来のＣＦ**と大きな関係があります。大きなお金が動くところには、人も企業も集まってくる。つまり、人口減少という地方自治体の課題を解決し、未来を創っていく試みであるのです。

この「変換作業」は、**ＣＦの未来予測を行い、貨幣の時間価値の概念を使ってひとつの経済価値に置き換える**ことによって進められます。

そのロジックを知ることで、どのように純資産1億ドルの会社が10億ドルと評価されるのかを理解することができます。

逆に知らないと、どのようなビジネスを作り上げて、どの程度の企業価値まで高めていこうかというビジネスプランを作ることができないことになります。

本章では変換される前のＢ／Ｓ、次にＣＦという順序でかなり基礎的なことから説明を進めていきます。

業。日本にはPreffered Networks、スマートニュース、SmartHR、などがある。

B/S は財産と借金の対比表

株式会社は、一個人と同じように、財産と借金の両方を持っています。ただし、株式会社の場合、それらは資産と負債と呼ばれています。

資産と負債の各々について、いくつかの分類毎の小計とそれらの合計を報告するものを、**B/S**と言います。

このB/Sは、会計年度あるいは四半期の最終日が終わった時点で、資産と負債が各々いくらあるかを伝えるものです。

つまり、**ストック（stock）**[*13]**情報**であると言えます。ストックには「**ある時点でのもの**」という概念があります。また、ストックには株式という意味もありますが、これと混同しないようにして下さい。

＊13　和訳は「蓄え」、あるいは「在庫」

一方、損益計算書やＣＦ計算書は、**「ある期間」**にどれだけの動きがあったのかを報告するもので、**フロー（flow）**[*14]**情報**と呼ばれます。

ストックとフローの概念は、アカウンティングにおいても、ファイナンスにおいても非常に重要ですので覚えておいて下さい。

純資産には実態がない

さて、Ｂ／Ｓの資産と負債の各々の総額がぴったり一致することはまずありません。それらに差額があるのが普通であり、それは**純資産**と呼ばれています。

この純資産が何かの形で存在すると考えるのは間違いです。それは**有形あるいは無形の形で存在する資産と負債の差額**でしかありません。

純資産は、資本金、利益準備金のようにあたかもお金の形で存在しているように表記されますが、実は純資産をその発生由来に分けているだけで、実態があるものではありません。**実態があるのはあくまで資産と負債**です。

そして、先に結論に近いことを言ってしまいますが、**株式投資とは「資産と負**

＊14　和訳は「流れ」「流出（流入）」

債の差額である純資産が、発行株式数と同じ数だけばらばらにされているものを購入する行為」です。

B/Sは金額の大きいものだけを見る

それでは、B/Sの構成がどうなっているか、簡単に説明しましょう。

次ページに森永製菓株式会社の2024年3月31日時点での連結ベースのB/Sがあります。

実際には、資産、負債ともに金額の小さな項目が存在するのですが、それらはまとめて「その他」として扱い、金額の大きい項目のみを表記しています。

資産の定義は、「**現金そのもの、現金化できるもの、あるいはお金**（**現金か預金**）**を生み出すもののいずれか**」です。また資産は、流動資産と固定資産に分類されます。流動資産は現金化しやすいもの、固定資産は現金化しにくいものです。細かいところは気にせず、前者が1180億円、後者が1056億円で合計が2236億円という具合に見て下さい。

バランスシート（貸借対照表）の実例

森永製菓株式会社　連結貸借対照表　　**（2024年3月31日　単位：百万円）**

資産の部	
流動資産	
現金および預金	44,900
受取手形および売掛金	30,623
有価証券	4,999
商品および製品	16,939
仕掛品	615
原材料及び貯蔵品	11.084
その他	8,928
貸倒引当金	△46
合計	118,045
固定資産	
有形固定資産	
建物および構築物	35,867
機械装置および運搬具	27,031
工具、器具および備品	1,756
土地	12,994
その他	3,039
合計	80,690
無形固定資産	2,015
投資その他の資産	
投資有価証券	13,217
その他	9,674
合計	22,891
固定資産合計	105,598
資産合計	223,644

負債の部	
流動負債	
支払手形および買掛金	23,002
未払金	12,720
未払法人税等	6,192
返金負債	5,720
その他	16,802
合計	64,436
固定負債	
社債	9,000
長期借入金	10,000
退職給付に掛かる負債	2,677
受入敷金保証金	3,557
その他	1,320
合計	26,554
負債合計	90,991
純資産の部	
株主資本	
資本金	18,612
資本剰余金	17,186
利益剰余金	86,305
自己株式	△4,865
合計	117,239
その他の包括利益累計	13,963
非支配株主持分	1,450
純資産合計	132,653

（注）森永製菓株式会社の有価証券報告書を参考にして筆者がシンプルにまとめた。

次に**負債**ですが、こちらの定義は「**持っていると将来お金（現金か預金）を失うもの**」であり、流動負債と固定負債に分類されます。流動負債が1年以内に返済または返還すべきもの、固定負債が1年を超えるものです。

前者が644億円、後者が266億円で合計が910億円ですね。

仮にあなたが森永製菓の株を100％保有する株主になったとします。すると、会社の資産は実質100％あなたのものになりますが、負債も100％背負うことになります。そうすると、実質の持ち分は2236億円から910億円を差し引いた1327億円です。これが純資産に相当するものです。

これから、簡単なモデルを使って、企業が活動を行うと、資産や負債が、そして純資産がどのように変化していくのかを見ていきたいと思います。純資産の各項目の意味するところは、このモデルの説明の後で解説します。

B/Sの変化はシンプルに捉える

ここから企業活動によってＢ／Ｓはどのように変化するかを、「**資金調達→投資→販売の準備→販売・回収→還元**」の流れに沿って見て行きましょう。

資金調達

株式会社は、株主から資本金が出資されて誕生します。

資本金は、製造用機械のような現物を出資する形でもいいのですが、ほとんどは銀行に預金が振り込まれる形を取ります。このような場合、出資が完了した時点では預金という資産のみが会社に存在することになります。

株式会社は出資の対価として株主に対して株式を発行します。

それによって、株数に応じて株主間の出資比率をコントロールでき、さらに株の売買という形で持ち分が譲渡できるようになります。

XYZ社という株式会社がこれからできるとします。出資された金額が1株1万円で2000株、合計2000万円で、すべて銀行振り込みによるものだとすると、資産は預金2000万円となります。この時点ではまだXYZ社には負債がありませんから、純資産もやはり2000万円のみとなります。

この**設立時の純資産**のことを**資本金**と言います（図1）。

もし、事業を開始するのに資本金だけで不十分であれば、銀行等から借り入れをします。仮に3000万円を借り入れたとすると、資産はその分増えて、預金5000万円となります。

一方で負債は借入金3000万円を新たに抱えますので、純資産はそれらの差額2000万円のまま変わりません（図2）。

図１　会社の資産と負債（① -1 資金調達／出資）

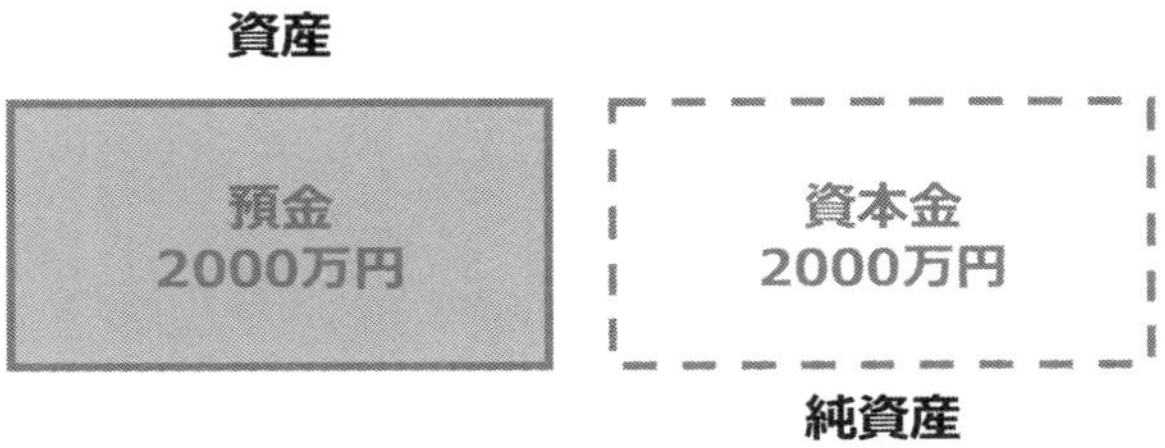

図２　会社の資産と負債（① -2 資金調達／借入）

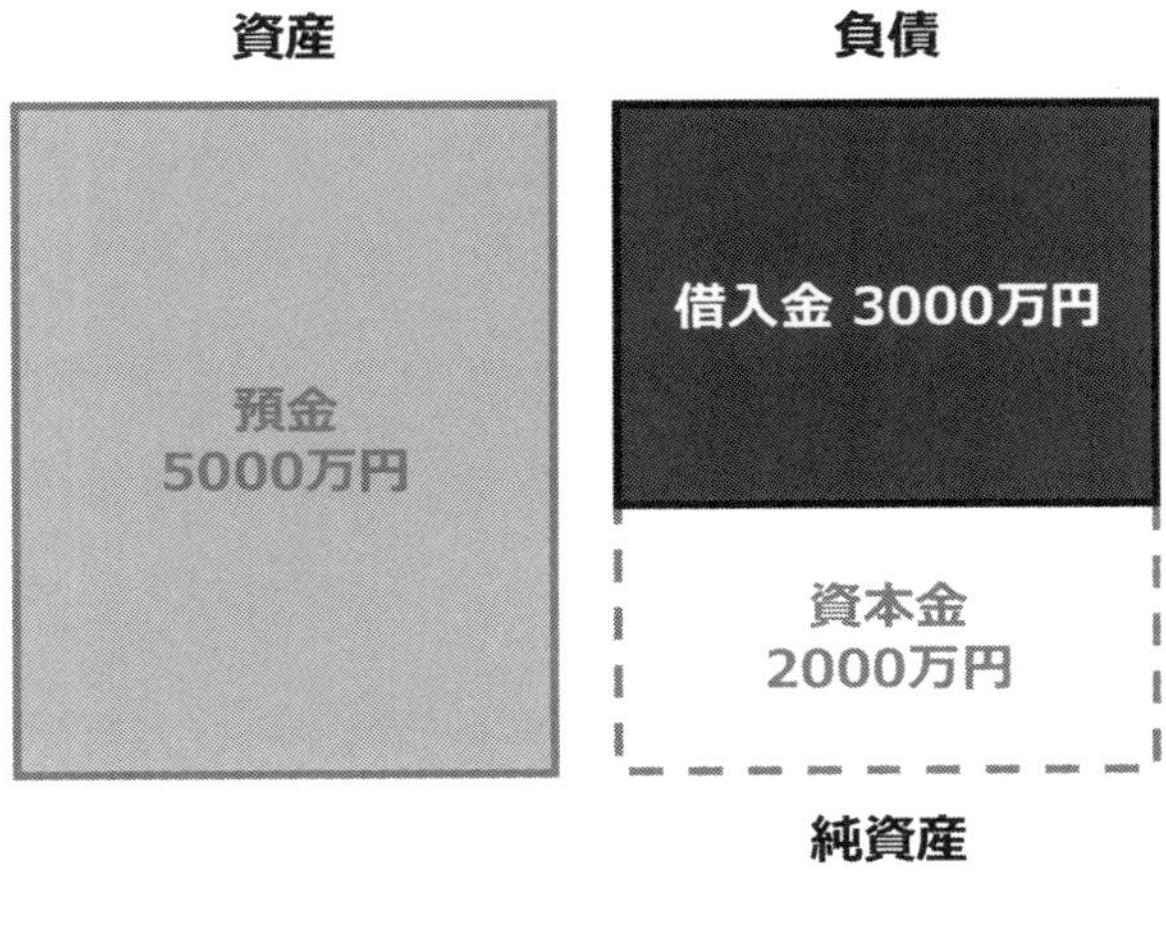

投資

株式会社は調達した資金を使って、事業開始のために必要な設備投資を行います。業種によって異なりますが、多くの場合においてオフィス家具、コンピューター、製造設備等が購入されます。

ＸＹＺ社が２０００万円の設備投資をしたとしましょう。そのとき、Ｂ／Ｓはどう変化するでしょうか？

資産の中の預金５０００万円のうち２０００万円が減り、それが設備２０００万円に入れ替わります。資産総額は５０００万円のまま変化がありません。

純資産は資本金２０００万円のままやはり変化はありません（図３）。

図３　会社の資産と負債（②投資）

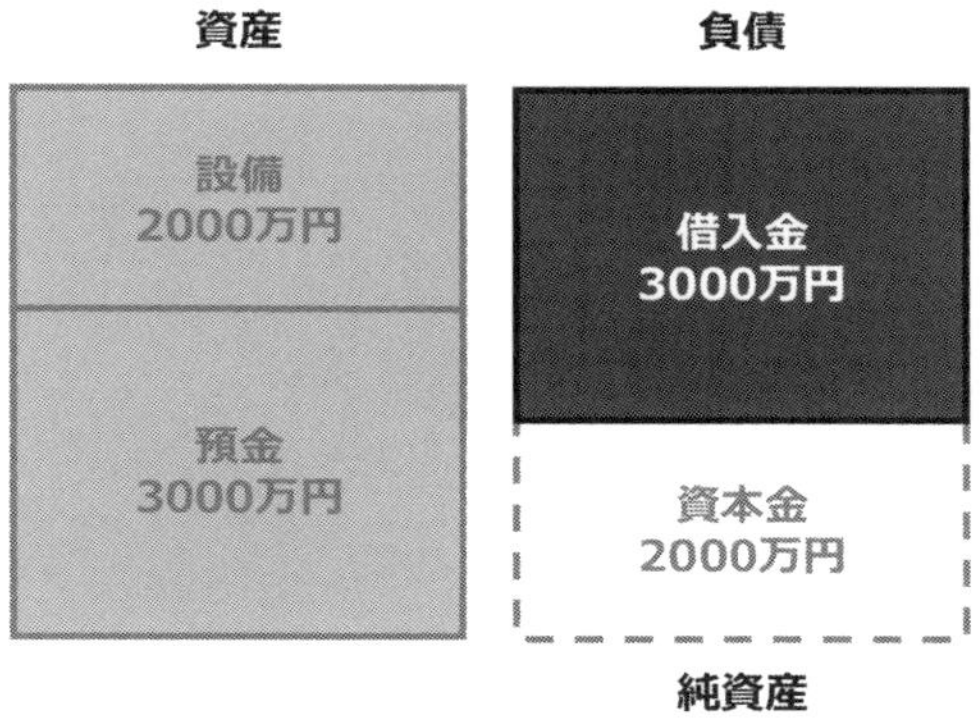

図４　会社の資産と負債（③販売の準備）

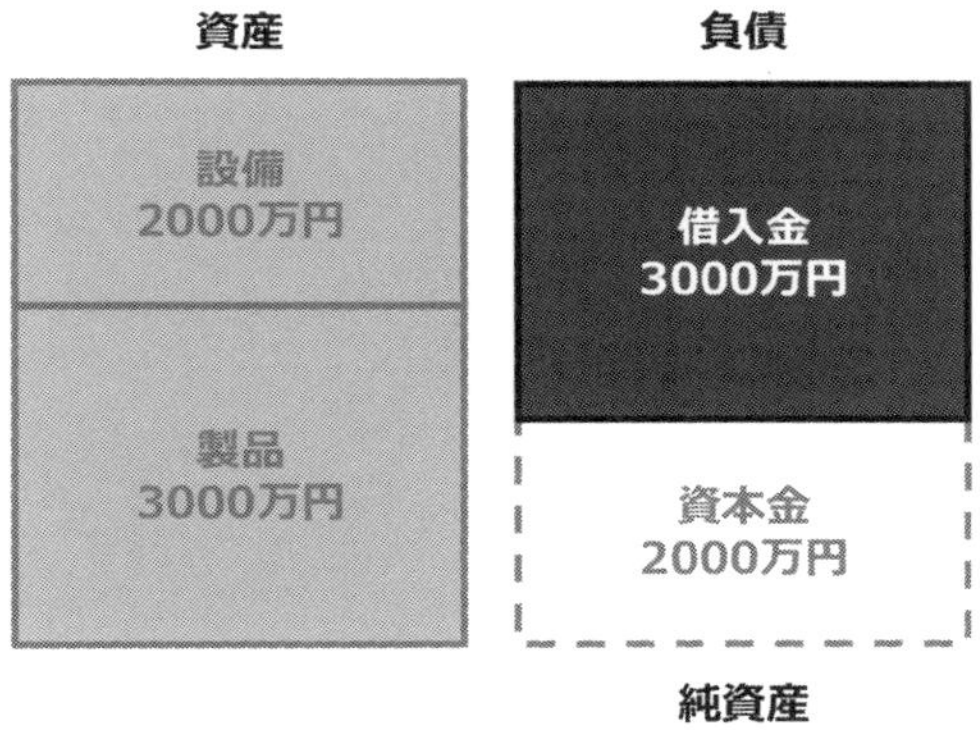

販売の準備

次に、株式会社は商品やサービスの提供ができるよう準備をします。

XYZ社が製造業であり、原材料の仕入れ、労務費、その他の経費を含む総額3000万円の費用をかけて製品を生産したとします。

そうすると、資産のうち預金3000万円は製品3000万円に入れ替わります。しかし、資産総額は5000万円のまま変化がありませんし、純資産も資本金2000万円のままです（図4）。

販売・回収

そして、株式会社は製品を販売します。

仮にXYZ社のすべての在庫が4000万円で、掛け販売[*15]で売れたとすると、B／Sの中では何が起きるでしょうか？

＊15　納品してから、後日入金してもらう販売形態

製品3000万円が無くなり、代わりに売掛金[*16]がゼロから4000万円に増加します。

その結果、資産は設備2000万円とあわせて合計で6000万円となります。

このとき、負債は借入金3000万円のままですから、資産と負債の差額は1000万円増加し、3000万円となります。この資産と負債の差額が純資産ですので、資本金2000万円だけでは不足し、1000万円分を何かで補う必要があります。

それが、いわゆる**利益剰余金**です[*17]。

何年も黒字を続けると、この利益剰余金が溜まっていきます。一般的には、内部留保と言われることが多いですが、内部留保は必ずしも、現金や預金ではありません。これは利益の計上により増えた純資産を表しているにすぎないということです(図5)。

＊16　話をシンプルにするため、ここでは利益に対して課税される法人税はないものとします。

＊17　販売代金を回収する権利

図５　会社の資産と負債（④ -1 販売）

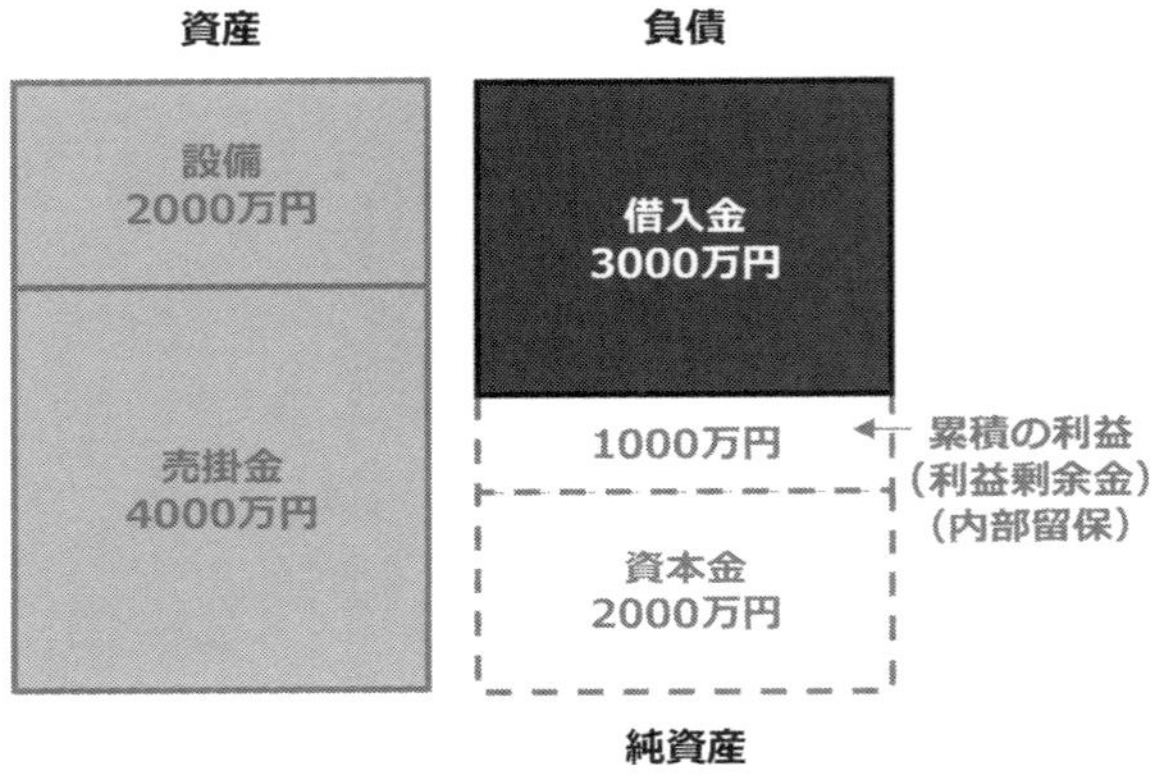

図６　会社の資産と負債（④ -2 回収）

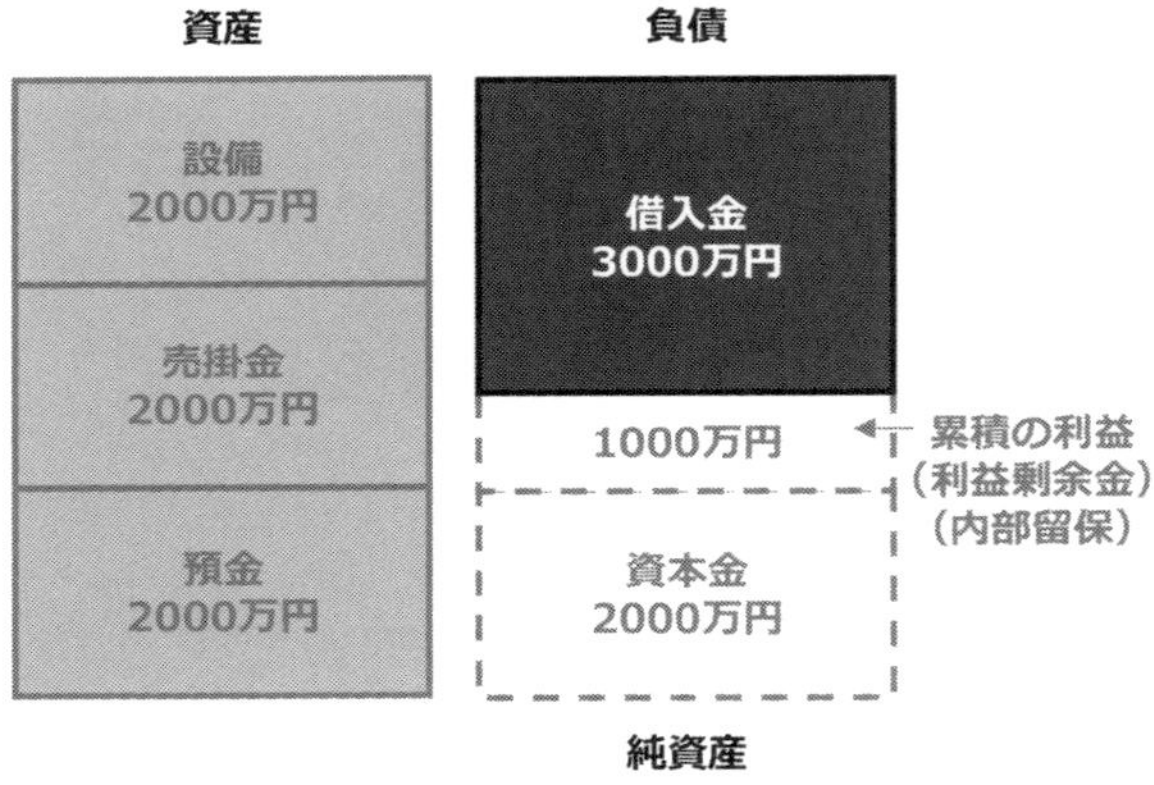

さて、この売掛金で、資産に計上されますが、お金そのものではありません。

XYZ社はその半分の2000万円を期末までに、銀行振込により回収しました。

その結果、B/Sの中では、売掛金4000万円のうち2000万円が預金へと代わりました。

その他には変化がありません（図6）。

還元

株式会社が借入をしていると利払いが必要で、また得られた利益は株主が望めば一部または全部を配当しなければなりません。

XYZ社は3000万円の借入をしていますが、これに対する利息は年に100万円（3・33%）とし、年度の末日に支払うこととします。

XYZ社の1年目の利益は、支払利息の分が減り900万円となりました。預金は100万円減って1900万円となり、利益剰余金もやはり100万円

図７　会社の資産と負債（⑤還元／利払いと配当）

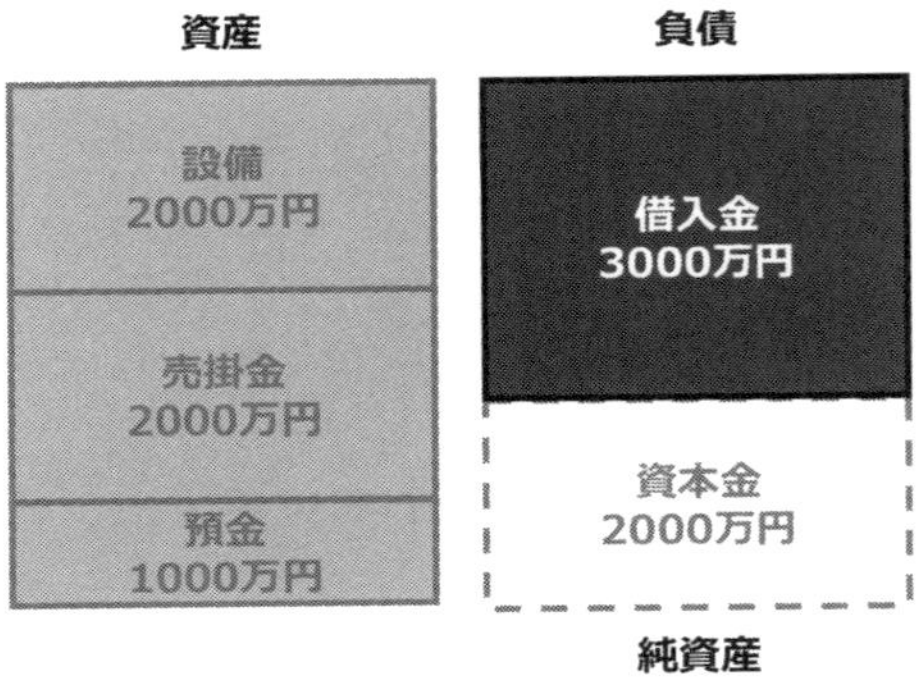

減って９００万円となります。

ＸＹＺ社は利益の全額９００万円を配当したとします。そうすると、預金はさらに９００万円減って１０００万円となります。配当により資産が流出すると、純資産もその分減りますが、このようなときは利益剰余金を減らすという会計上の決まりがあります。

よって、利益剰余金は９００万円減ってゼロとなります（図７）。

複雑に見えても基本は同じ

先に見て頂いた、森永製菓のものとは複雑さが全く違います。

しかし、資産には預金と売掛金という流動資産があり、設備という固定資産があり、負債側には借入金があります。そして、それらの差額として純資産があります。基本的な形は同じです。

企業活動を長年続けると、B／Sはそれまでの履歴を引きずりつつも、どんどん変化していきます。

純資産は、もとは資本金だけだったのが、利益分増え、配当で減りを繰り返し、黒字が続けば増加する方向に変化します。

しかし、それはあくまで過去の事実のみを反映させたものであり、将来性を含めた本当の価値を反映しているとは言えないのです。

ファイナンスの目的は、未来を予測し、純資産の実質価値、つまり企業価値を見積ることです。

ではその、企業価値とは何なのか？ について話しをする前に、第2章で説明した3つの概念のうちのひとつめ「全てをキャッシュ（お金）で考える」を実践できるようCF計算書について説明をしておきましょう。

CFと利益の差額はどうして生まれるのか？

XYZ社は、創業してその1年目を、無事に売上と利益を計上して、さらに株主に配当をして終わることができました。

この1年目の損益計算書やCF計算書はどのようなものになったでしょうか？

まず、損益計算書を作ってみましょう。売上は4000万円でした。売掛金は売上の半分の2000万円しか回収していませんが、製品を顧客に納品して、売掛金4000万円を獲得したタイミングで売上は計上されます。

一方、費用として、売上原価3000万円が計上されます。計上するタイミン

XYZ社　第1期　損益計算書

売上高	**4000**万円
費用	
（売上原価）	△**3000**万円
（支払利息）	△**100**万円
利益	**900**万円

グは製造原価に相当する代金や労務費などを支払ったタイミングではありません。支払った額は、あたかも投資でもしたように、資産のひとつである製品として計上されます。**B/Sの中では現金から製品へと資産の中身が入れ替わっただけというような会計処理**がなされるのです。

そして、製品3000万円が顧客に納品にされたときに売上原価という費用が計上されます。もし、製品が売上代金ベースで半分の2000万円しか販売されなければ、費用も同様に半分の1500万円しか計上されず、残りの1500万円は製品として残ります。

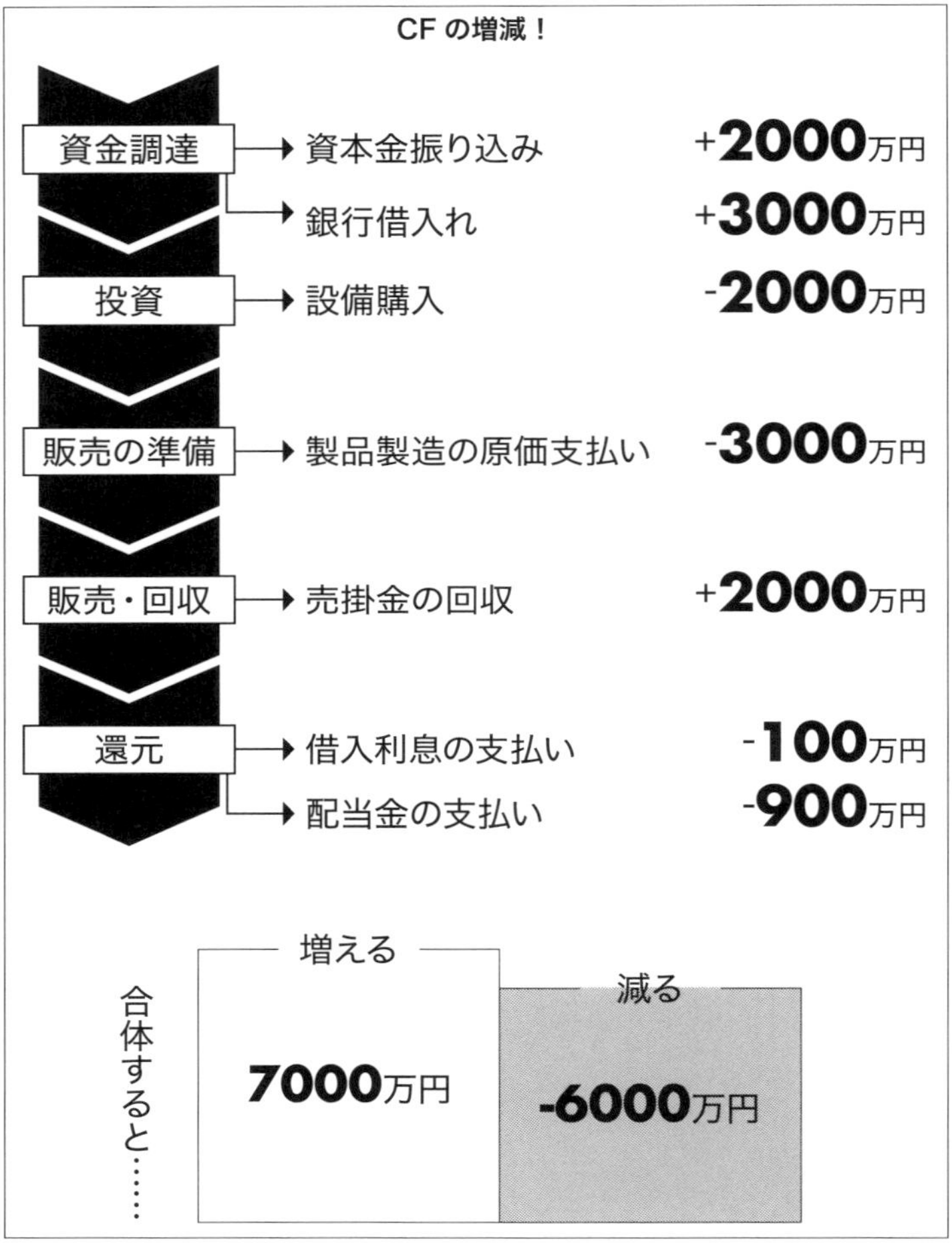
CF の増減！
資金調達
資本金振り込み
+2000万円
銀行借入れ
+3000万円
投資
設備購入
-2000万円
販売の準備
製品製造の原価支払い
-3000万円
販売・回収
売掛金の回収
+2000万円
還元
借入利息の支払い
-100万円
配当金の支払い
-900万円
合体すると……
増える
7000万円
減る
-6000万円

さらに、支払利息が１００万円計上され、利益は９００万円となります。

次に、ＣＦ計算書です。キャッシュの定義は、「現金と1年以内に現金化できる預金の合計」ですので、このモデルに登場した普通預金はキャッシュに該当します。各活動でキャッシュはどのように増減したでしょうか？

次ページの図をご覧ください。

ＣＦと利益は別モノ

ＣＦ計算書は、ある期間（1年または四半期）のキャッシュの増減を報告するものでした。そして、その増減の要因は、**営業活動**、**投資活動**、**財務活動**の３つの活動に分類されます。

１つ目の営業活動によるＣＦ（以下、営業ＣＦ）はいったんとばして見ていきます。

２つ目の投資活動によるＣＦ（以下、投資ＣＦ）とは、設備等の固定資産の購入や金融投資のために支払われたキャッシュ総額のことで、通常はマイナスの値になります。ただし、中古設備や金融投資の売却額が大きくなるとプラスになることもあります。

3つ目の財務活動によるCF（以下、財務CF）とは、株主や債権者との間で移動したキャッシュ総額のことです。新たに株式を発行したり、借入を増やすとプラスになり、株式を会社が買い取ったり、借入を減らすとマイナスになります。

順番が最後になってしまいましたが、1つ目の営業CFは、投資CF、財務CF以外の全てのCFです。売上代金の回収、費用の支払い、税金の支払いなどがこれに含まれます。

ここで、例外として支払利息があります。これは債権者に支払われるものですが、会計基準では営業CFに入れる「ルール」となっています。

よって、CF計算書は表のようになります。

このようにして見ると、利益とCFは全く異なるものであることが分かります。

XYZ社　第1期　CF計算書[*18]

営業CF**-1,100**万円（=**-3,000**万円 **+2,000**万円 **-100**万円）

投資CF**-3,000**万円

財務CF**+4,100**万円（=**2,000**万円 **+3,000**万円 **-900**万円）

合計　　　**±0**万円

製品を販売すれば、売掛金の回収が終わっていなくとも売上になり、それは損益の計算に含まれます。しかし、営業ＣＦとなるのは回収された分だけです。

また、設備投資をしてもその時点では費用とはならない一方で、投資ＣＦとしては認識されます。

株主からの出資や借入については、損益計算に入らない一方で、財務ＣＦに計上されます。

＊18　配当金の支払いは、第2期になってから実施されるので、本来なら第1期には含まれないが、資金の流れを理解しやすくなるよう第1期に含めた

森永製菓のＣＦから要点を見抜く

それでは、森永製菓株式会社の実例を見てみましょう。

こちらは、Ｂ／Ｓがいつ時点のものと書かれているのとは対照的に、２０２３年４月１日から２０２４年３月31日までの１年間が対象と明確に書かれています。

初めてＣＦ計算書を見る方は少し面食らうかもしれませんが、構造は次ページのモデルケースのものとほぼ同じです。

まず、左側半分に営業ＣＦ、投資ＣＦ、財務ＣＦの内訳が示されています。そして、海外子会社などにある外貨の為替調整を含めて、期間の総増減額が示され、その結果として期首にいくらあったものが、期末にいくらになりましたという形

キャッシュ・フロー計算書の実例

森永製菓株式会社 連結キャッシュ・フロー計算書（2023年4月1日～2024年3月31日　単位：百万円）

営業活動によるキャッシュフロー	
税金等調整前当期純利益 Ⓐ	20,576
減価償却費	9,492
減損損失	1,712
投資有価証券売却益（△は益）	△782
固定資産売却益（△は益）	△812
売上債権の増減額（△は増加）	△6,689
棚卸資産の増減額　（△は増加）	3,293
その他	1,499
小計	28,289
法人税等の支払額または還付額（△は支払）	△1,052
その他	2,937
合計 Ⓒ	30,174
投資活動によるキャッシュフロー	
有価証券の取得による支出	△2,500
有形固定資産の取得による支出	△9,091
有形固定資産の売却による収入	7,666
無形固定資産の取得による支出	△1,382
投資有価証券の売却による収入	1,256
その他	△1,294
合計	△5,345
財務活動によるキャッシュフロー	
自己株式の取得による支出	△8,685
配当金の支払い額	△4,712
その他	△676
合計	△14.073

Ⓑ（減価償却費～その他）

Ⓑは、Ⓐ利益からⒸ営業CFへ変換するための調整項目

（左より続く）	
現金及び現金同等物に係る換算差額	267
現金及び現金同等物に係る増減額（△は減少）	11,024
現金及び現金同等物の期首残高	36,077
現金及び現金同等物の期末残高	47,101

（注）森永製菓株式会社の有価証券報告書を参考にして筆者がシンプルにまとめた。

で終わります。

営業CFは調整する

この中の営業CFは、冒頭に税金等調整前純利益*19を持ってきて、それに対して様々な「調整」がされます。

一列目をもとにして、以下は合計を除くすべてが「調整」であることをあらかじめ知っておくと理解しやすいと思います。

調整の一番目にある**減価償却費**とは、設備投資等で取得した固定資産を、使用年数に案分して費用

*19　損益計算書最後の行にある純利益に法人税等の税額を足し戻したもの

を計上するものです。これは損益計算上の費用になりますが、**キャッシュは出ていかない**ので、営業CFはその分大きくなるはずだということで、**プラスの調整項目**として扱います。

調整の二番目の**投資有価証券売却益**は**マイナスの調整項目**として使われています。これは単に、この売却益は税金等調整前純利益には含まれるが、**営業CFに属するものではないので省きます**という意味です。ただし、売却総額分のキャッシュは会社に入ってきているのでその金額は投資CFとして計上されます。

調整の三番目の**売上債権**の増加ですが、これは例えば売掛金のようなものが対象になります。売掛金が増えたということは、その分売上になったはずなので**利益には含まれるが、回収はされていない**ので**マイナス調整**をしますという意味です。

調整の四番目の**棚卸資産の増加**ですが、これは例えば自社製造品や仕入商品のようなものが対象になります。これが増えたということは、その分売上になっていない、つまり利益に含まれていないのに、**製造原価または仕入原価分の支払いがされ、キャッシュが会社から出て行っている**。よって、**マイナスの調整**をしますという意味です。

本書は決算書の読み方を解説することを目的としてはいませんので、以上にしておきますが、利益から営業ＣＦへ変換する方法については、ファイナンス知識を使用する上でとても重要であるので、スルーせずに理解して頂きたいと思います。

なぜなら、例えば買収を検討している企業の企業価値を評価する際、あるいは新しい商品やサービスを導入するにあたっての設備投資を検討する際、ほぼ１００％の確率で損益計画を立てるのではないかと思います。

しかし、これらのような投資判断を行う際には、キャッシュベースで行いますから、どうしても利益から営業ＣＦへ換算する方法を知っておかなければならないのです。

財務ＣＦはコツを押さえれば簡単

さて、ＣＦ計算書の実例に戻ります。

投資ＣＦの一列目に**有形固定資産の取得による支出**とありますが、これは導入ベースでなく、支払いベースでの設備投資等による支出額です。よって、支払いのタイミングが期の境を跨ぐと、実際の設備投資額との差額が発生する可能性があります。

いずれにしましても、よほど大きな金額の設備等の売却がなされない限りマイナスの値になります。

次の**投資有価証券の売却による収入はプラス**の値になるのは当然ですが、この例では有形固定資産の取得による支出を超える巨額なものとなっています。結果として、投資ＣＦ総額でプラスになっています。

しかし、これはあまり頻繁に起こるものではありません。投資ＣＦは全体でマイナスの値になることが多いものです。

財務ＣＦの一列目、**自己株式の取得による支出**とあります。

自己株式は株式そのものを会社に返してもらい、その対価を株主に支払うものであり、通常は余剰キャッシュのある企業が行うものです。それに対して、配当金は一株当たりの利益の何割かを株主にお返ししますとするものです。

株主へキャッシュを戻すという点は同じですが、その方法が異なるということです。

実際のＣＦ計算書は以上の3項目の表記があって、外貨換算を含めた変動、期首と期末の残高はいくらという形で終わります。

特に営業ＣＦは細かい調整の羅列が続き、一見難解に見えます。しかし、数字の小さなところは気にせず、大きな流れが押さえられるようにしてください。

企業価値は将来CFの連鎖で作られる

本章ではファイナンスを理解する上で非常に重要なB／SとCFについてお話してきました。

最後に、「企業価値とは一体何なのか？」について説明します。

また、XYZ社で考えてみましょう。

XYZ社は何もないところへ、株主からの資本金の振り込みを受け誕生しました。それは一株あたり10000円で2000株、合計2000万円でした。

1期目を終え、配当が終わったところで、XYZ社の純資産は資本金2000万円のままですから、株主の一株当たりの持ち分は10000円のままです。

一方、株主は一株当たり４５００円（＝配当金総額900万円÷2000株）の配当も受け取っています。これはあくまで1年間に実現したリターンであり、将来への期待が反映されたものとは言えません。企業価値を評価するとは、将来得られるリターンも含めた評価を行うことです。そして、その一株あたりの市場における取引価格が株価です。

B/Sをキャッシュで考える

ファイナンスの基本的な考え方の1番目は、「全てをキャッシュ（お金）ベースで考える」というものでした。これをXYZ社の1期目が終わり、配当金支払いも完了したB／S（１１５ページ）に適用するとどうなるでしょうか?

資産の中の設備２０００万円も売掛金２０００円もそのままでは価値がないということになりますね。

これはどういうことかというと、本当に設備２０００万円には価値がないと考えるのではなく、その代わりに**設備が生み出す2期目以降の事業活動から得られるCFに価値を認める**ということなのです。

ＸＹＸ社の２期目~10期目の事業計画の例

製造と販売	・毎年度3000万円で１期目と同じ製品を同数作り、4000万円で掛け販売。 ・売掛金は2000万円のみ当年度中に回収され、残額2000万円はその翌年度初旬に回収。
借入金	・3000万円のまま継続。借入利息は年額100万円（年率3.33％）とし、年度末日に支払い。
設備投資	・設備投資は行わない。 ・減価償却費は発生しない。
利益と配当	・毎年900万円を計上。全額を株主に配当。

以上を10年間続け、最終期（第11期）の最終日にＸＹＺ社は解散。

・10年後には設備の再販価格はゼロになる。
・最終期（第11期）の最終日までに売掛金残高2000万円は全額回収される。
・借入金は最終期（第11期）に元本3000万円が償還される。
・株主の期待投資リターンを年率７%とする。

売掛金も同様です。

それそのものでなく、2期目に回収されるキャッシュに価値を認めるのです。

各年度で得られるＣＦはタイミングが違いますから、これをファイナンスの考え方「貨幣価値は時間が経つと劣化する」を適用して、全額を第1期の終わりのタイミングにおける価値に揃えることにします。

その際に適用する金利は、株主の期待金利7%と借入金利3・33%の平均となります。借入が

株主と債権者の加重平均期待リターン

$$7\% \times \frac{2000\text{万円}}{2000\text{万円}+3000\text{万円}} + 3.33\% \times \frac{3000\text{万円}}{2000\text{万円}+3000\text{万円}}$$

7%：株式期待金利

3.33%：借入金利

$$= 4.8\%$$

3000万円であるのに対し、純資産は2000万円ですから、これらの金額の大きさを反映させ加重平均を取ると上のようになります。

そうすると、XYZ社の獲得するCFの現在価値の合計は、9049万円と計算されます。これが、XYZ社の企業価値に相当するものです。言い換えると、**「企業価値は将来CFの連鎖で作られる」**ということです。

評価額は純資産より大きくなる

次ページの表について説明します。

例えば、第4期ですと、この期に得られるCFは、第1期の最終日から最大で3年が経過したときのものです。第4期の1年間のうち、いつ得ら

XYZ社の企業価値評価

株主と債権者の加重平均期待リターン：　4.8%

会計年度	第2期	第3期	第4期	第5期	第6期	第7期	第8期	第9期	第10期	第11期
(1)経過年数	1	2	3	4	5	6	7	8	9	10
(2)事業から得られるキャッシュフロー（万円）	1,000	1,000	1,000	1,000	1,000	1,000	1,000	1,000	1,000	3,000
(3)現在価値へ変換する際の乗数	0.954	0.910	0.869	0.829	0.791	0.755	0.720	0.687	0.656	0.626
(4)=（2）×（3）(2)の第１期々末時点の価値（万円）	954	910	869	829	791	755	720	687	656	1,877
(5)（4)の合計（万円）	9,049									

れたものかは不明ですが、すべて最終日に得られたものとして扱うと、1期目の最終日に向かって3年間分を遡る調整をする必要があります。

１年分の調整をするには、1 + 0.048 = 1.048で割り戻さなければなりませんので、1 ÷ 1.048 = 0.954を掛けるのと同じことになります。これを3回繰り返した、0.954 × 0.954 × 0.954 = 0.869が第４期の乗数となります。

ＣＦの現在価値の合計である９０４９万円には、債権者の持ち分が３０００万円含まれています。よって、株主の持ち分はそれを差し引いた６０４９万円ということになります。

さらにこの６０４９万円を発行株式数２０００

株で割ると３０２４５円となりますから、会社設立時に一株あたり１００００円で投資したのが、１年後に評価価格では約3倍になったことになります。

ただし、これはあくまで仮定に則った見積りであり、この金額で株を買いたいという人がいない限りその価値を実現化することはできません。しかし、なぜ企業は株式を上場したがるのか、なんとなくご理解頂けたのではないでしょうか？

企業価値は主に将来獲得するＣＦで出来ています。よって、**その評価額は純資産（つまり帳簿価格）より大きくなる**のが普通です。株式上場とは、一株式あたりの評価額を、売買が可能な取引額として実現させることを可能にするのです。

すでに、株式上場した会社では「評価額の実現」という過程はすでに済んでいますから、株価を上昇させるためには、評価額そのものを上昇させる必要があります。その主たる方法は、今後のＣＦの予測値を大きくすることであり、それこそが株主が企業に期待することなのです。

第4章

ここだけ読めば使える！
ファイナンスの基本

なぜトヨタでは13億ドルの設備投資計画にゴーサインが出たのか？

トヨタ自動車は２０２４年2月6日、米国ケンタッキー州のバッテリー式電気自動車の生産拠点への13億ドル（２０２４年4月の為替レートで約２０００億円）もの設備投資を行うと発表しました。

さて、財務面から見て、一体どのような考え方で、この設備投資計画にゴーサインを出したのでしょうか？

また、もし自分がこの計画を提案するなら、どんな理論を使えば、説得しやすくなるでしょうか？

第3章までで、ファイナンスの概念について、ほぼ理解できたと思いますが、実際の投資に関する意思決定を行うためには、いくつかの基本用語とその使い方をマスターしておく必要があります。

本章では、まずファイナンスの基本的な考え方の２つ目、「貨幣価値は時間が経つと劣化する」と深く関係する、割引率や現在価値とは何かからスタートし、投資の意思決定の仕方についての説明へと進んでいきます。

意思決定のおおまかな基準をつかめば、より説得力のある提案ができるようになるでしょう。

割引率
～将来と現在のキャッシュを調整する～

第2章で、「貨幣価値は時間が経つと劣化する」という考え方に従い、投資対象から将来得られるキャッシュを現在ベースの値に調整する必要があるという話をしました。

将来得られるキャッシュと比べると、その現在ベースの値は、あくまで額面上での話ですが必ず金額が小さくなります。その際の**「調整する」ことを「割り引く」[*20]と言います。**商品の値引き、手形の割引[*21]にも同じ言葉が使われていますが意味合いが異なるので注意が必要です。

＊20 Discount（ディスカウント）

＊21 売上代金の替わりに受

5%なら5年で約8割、10年で6割

割り引く度合いを「割引率」[*22]と言い、通常は**1年あたりの値**を使います。

割引率をｒ％とすると、１年後に得られるキャッシュは、（１＋ｒ）で割って現在価値へと変換されます。

例えば、ｒ＝５％であれば、１年後の１００万円の現在価値は95・24万円[*23]となります。

１÷（１＋ｒ）を掛けても同じ結果が出ますが、これを**割引係数**と言います。

同じ事例では、その値は０・９５２４となります。

２年以上後の将来価値を割り戻す場合、経過年数をｎ年とすると、割引係数は、１を（１＋ｒ）のｎ乗で割ったものとなります。

ｒ＝５％、ｎ＝２年の場合、０・９０７０[*24]となります。

割引係数は割るのでなくて掛けるものですが、時間が経つと、金利と経過年数によってどれくらい「割り引く」必要があるのかを感覚的に教えてくれるもので

領した手形を、手数料分を差し引いた金額で金融業者に買い取ってもらうこと

＊22　Discount Rate（ディスカウント・レイト）

＊23　100÷（1+0・05）

＊24　1÷（1+0・05)^2

経過年数	割引率（累計）	割引係数
1	1.0500	0.9524
2	1.1025	0.9070
3	1.1576	0.8638
4	1.2155	0.8227
5	1.2763	0.7835
6	1.3401	0.7462
7	1.4071	0.7107
8	1.4775	0.6768
9	1.5513	0.6446
10	1.6289	0.6139

もあります。

例えば、割引率を5％とすると、経過年数と割引係数の関係は次のようになります。

5年で約8割、10年で6割といったようにだいたいの感覚を持っておくとよいでしょう。

ＰＶ（現在価値）
～投資額をゼロから回収する～

第1章で、ある金額を投資して、それをこれから始まる1年間に5％で運用するという条件を付けると、1年後に得られる８００万円は、現時点では７６１万９０００円の価値としかみなされず[*25]、このことを「1年後の８００万円の現在価値は７６１万９０００円である」と表現をすると述べました。

読者の中には、将来得られるキャッシュを現在価値にする際に行う、「割り引く」感覚がつかみにくいという人もいるかもしれません。

これについては、例えば預金金利の事例で考えると分かりやすいと思います。

＊25
＝800万円÷1・05

未来から見ると今のお金の方が少ないから割り引く

預金金利5%の預金をしていると、現在の100万円は、1年後に105万円、2年後に110・25万円と額面が増えます。これらを現在の100万円の1年後および2年後の**「将来価値」**と言います。

2年目に5万円でなく、5・25万円が増えているのは1年目に得られた預金金利5万円にさらに預金金利5%（5万円×5%＝2500円）がついたからです。これを**複利**と言います。

多くの投資家は、この複利という考え方を重視し、儲けたお金を寝かさずに運用して欲しいと考えています。

現在価値を求めるときは、この逆の計算をします。

1年後の105万円は1・05で1回割る、2年後の110・25万円は1・05で2回割るということです。

現在価値を計算する際の「割引」の考え方

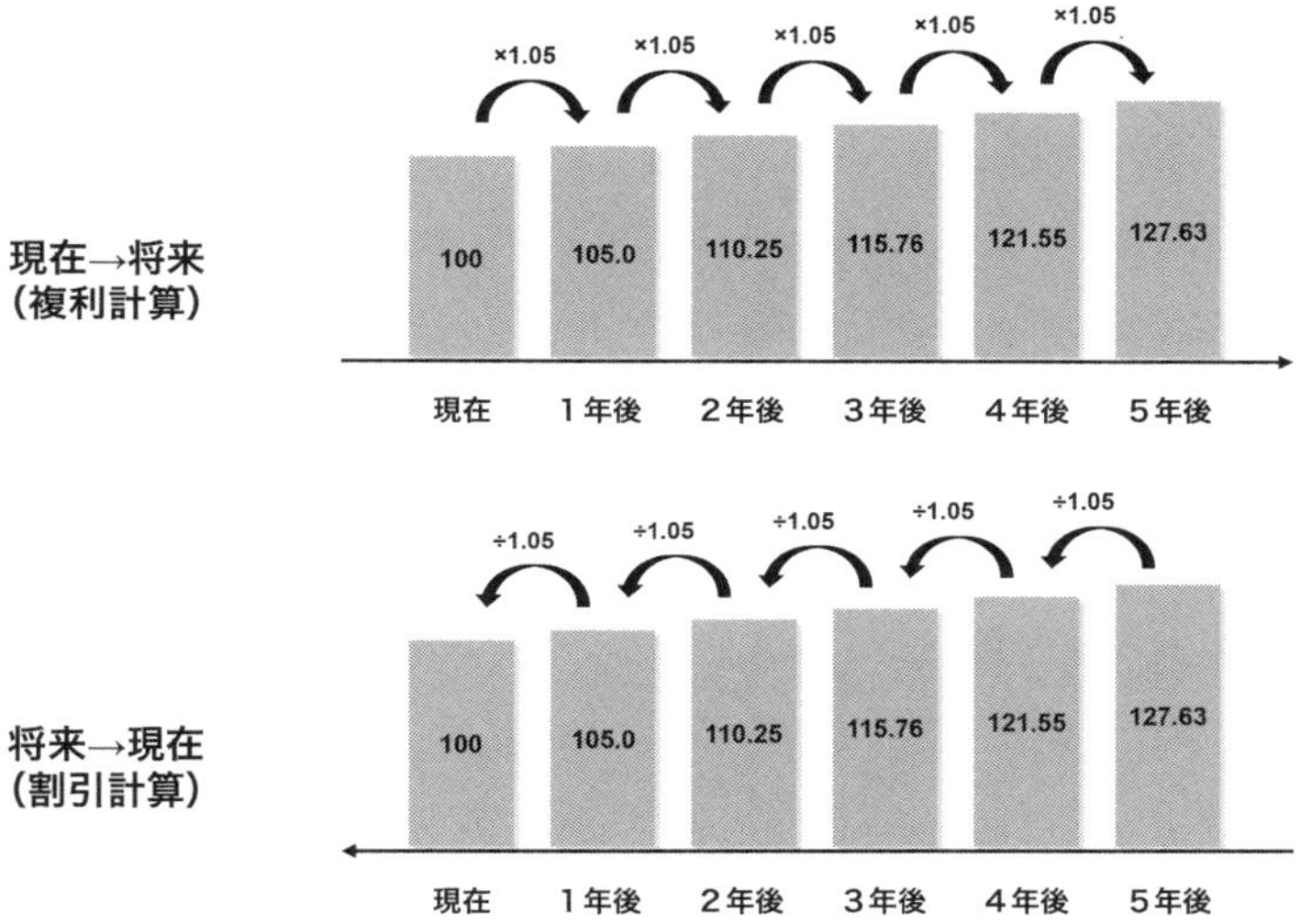

このように、**貨幣（キャッシュ）は時間の経過とともに増えていくはずのものだから、時間を遡るときは逆に割り戻してあげる**のだというイメージを持ってもらうといいでしょう。

事業投資に元本はない

さて、金融投資の場合は、毎年投資からは元本の数％の金利や配当金を受け取るというようなケースがほとんどです。

株式であれば、売却時に元本に相当する投資額が何倍にもなっている可能性もあれば、逆に大きく目減りしている可能性もありますが、それでも投資先企業が倒産しない限りは、いくらかは返ってくるでしょう。

一方、事業投資を行った場合はそもそも論として元本はありません。それは「すべてをキャッシュベースで考える」に基づいています。

よって、汎用性があり売却がしやすい設備や、商業用不動産のような換金性のあるものの取得以外は、投資してしまうとお金は「なくなる」と考えます。

そのため、投資額の何割かに相当する金額のキャッシュを数年間継続して回収するような形が実現できて初めて投資効果が得られる可能性が出てきます。

実際にはビジネスが軌道に乗るまでに若干の時間がかかるため、投資初年度や2年目は回収金額が小さくなることが多いのではないかと思われます。

いずれにしても、事業投資で現在価値を考える際には、連続するＣＦで**投資額を0から回収していく**ものだと認識しておく必要があります。

金融投資と事業投資の回収パターンの違い

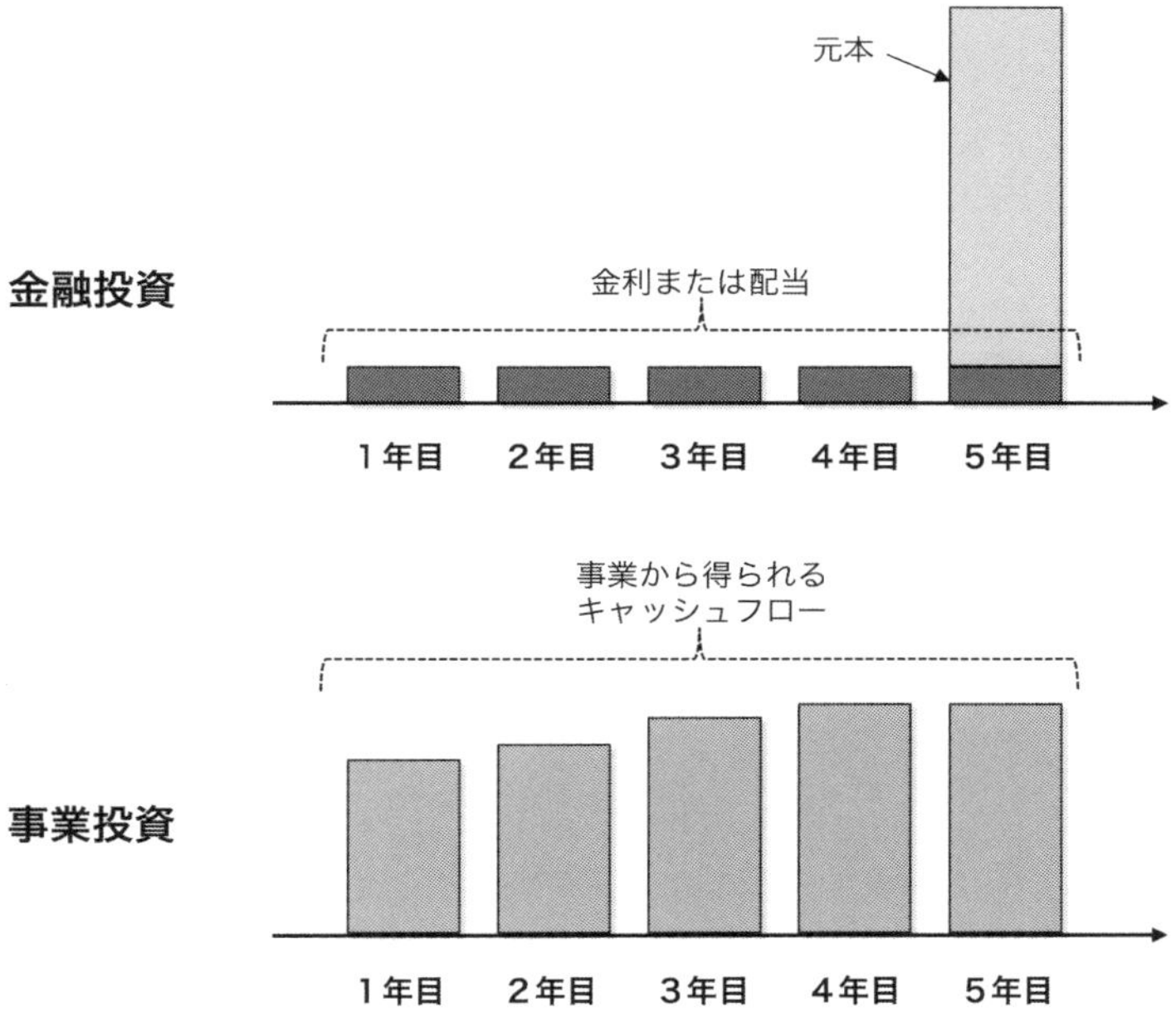

現在価値に変換するコツ

現在価値に割り引く計算そのものは難しいものではありませんが、「設定した期待投資リターン（つまり割引率）によって現在価値の総額にどの程度の差が出るのか？」「経過年数によって、額面の金額が同じでも現在価値に変換すると、どの程度の差ができるのか？」

これらについてのだいたいの感覚を持っていると、投資の検討の際に便利です。

次の図に示した事例は、5年間の各年末日に1000万円ずつキャッシュを回収するモデルです。割引率を5％、7％、9％として、それぞれの条件において、経過年数ごとにその年に得られる1000万円の現在価値を計算し、その総額も記載しています。

経過年数の違いで見ると、割引率が5％の場合、5年目に回収するキャッシュの現在価値は783・5万円であり、1000万円の78・4％と2割以上小さく

5年間、定額で続くキャッシュ・フローの現在価値

割引率（年率）	5.0%						
経過年数	1	2	3	4	5	合計	
（1）キャッシュ・フロー	1000	1000	1000	1000	1000	5,000.0	
（2）割引率（累積）	1.0500	1.1025	1.1576	1.2155	1.2763	↓	*86.6%*
（3）（1）の現在価値	952.4	907.0	863.8	822.7	783.5	4,329.5	

割引率（年率）	7.0%						
経過年数	1	2	3	4	5	合計	
（1）キャッシュ・フロー	1,000	1,000	1,000	1,000	1,000	5,000.0	
（2）割引率（累積）	1.0700	1.1449	1.2250	1.3108	1.4026	↓	*82.0%*
（3）（1）の現在価値	934.6	873.4	816.3	762.9	713.0	4,100.2	

割引率（年率）	9.0%						
経過年数	1	2	3	4	5	合計	
（1）キャッシュ・フロー	1,000	1,000	1,000	1,000	1,000	5,000.0	
（2）割引率（累積）	1.0900	1.1881	1.2950	1.4116	1.5386	↓	*77.8%*
（3）（1）の現在価値	917.4	841.7	772.2	708.4	649.9	3,889.7	

（注）金額単位は万円。各年の末日に回収することとする。

なります。そして、割引率が7％では71・3％、割引率が9％では65・0％とさらに小さくなることが分かります。

5年間の現在価値の総額では、割引率が5％の場合、現在価値総額は4329・5万円で、割引前の総額5000万円に対する割合は86・6％となります。これに対して、割引率が7％では同じく82・0％、割引率が9％では同じく77・8％と額面総額に対して大きく目減りすることが分かります。

実際に事業投資を検討する際には、**投資してからまとまった回収ができるまでの時間を短くしていく**ことが極めて大切であることがお分かり頂けたのではないかと思います。

また、割引率をコントロールする方法は理論的にはあるのですが、業界、そして資本構成によってだいたい決まってしまう傾向が強く、事業を担当する責任者にはほぼコントロールする術《すべ》はありません。

そのため、「回収はできるだけ早くしよう！」ということを部下や関係部門に啓蒙していくとよいでしょう。

NPV（正味現在価値）
～投資すべきかを判断する～

本章の冒頭にて、トヨタ自動車の米国ケンタッキー州における13億ドル（2024年4月の為替レートで約2000億円）の設備投資の話を紹介しました。この設備投資の回収計画がどのようなものであれば社内のゴーサインが出るのでしょうか？

一般的に、**正味現在価値（以下NPV）**の数値により判断されます。

NPVは、回収金額の現在価値の合計から投資額を差し引いた値です。これはファイナンスの基本的な考え方を反映したものであり、企業内における投資判断において最も重要な指標でもあります。

NPVを使った投資判断

NPV ＝ **回収金額の現在価値** － **投資額**

① 投資額を確定

② 投資から得られる、定められた期間のCFを予測

③ 予想CFを割り引いて現在価値として合計し、それを回収金額とする

④ 投資額 － 回収金額 ＝ 0以上 投資適格
0未満 投資不適格

これまでに繰り返しお話ししましたように、企業価値を大きくするためには、事業で生み出すCFを継続的に大きくしていく必要があります。

そのためには投資額を早く、確実に回収できるようなビジネスサイクルの構築が不可欠なのですが、その際に前節で説明した現在価値の考え方が適用されます。

回収金額は、投資したタイミングから時間が経てば経つほどその現在価値が劣化していきます。よって、その**劣化分を差し引いても、投資したキャッシュを決められた期間に回収できる計画を組めるかどうかが投資判断の決め手**になります。

期間内かどうかがカギ

トヨタ自動車の設備投資をケーススタディとして説明を進めましょう。

あくまで仮定の話ですが、トヨタ自動車が、米国のＥＶ市場のバッテリー事業に対して、投資適格条件を、期待リターン10％、5年間でのＮＰＶを0以上としていることにします。投資額は、日本円で２０００億円、為替変動の影響はないものとします。

もし、この投資により毎年５４０億円のキャッシュベースでの回収が見込まれるとすると、この投資案件は適格と判断されるでしょうか？

5年間のＮＰＶは図に示したように、プラス47億円となります。よって、投資案件は適格と判断されます。

ここでＣＦでの回収見込みを毎年５２０億円とすると、5年間のＮＰＶはマイナス29億円となりますから、投資案件は不適格と判断されます。

このようにして、回収額を現在価値として合計し、**ある期間内に投資額が回収できるかどうかを判定するのがＮＰＶを用いた投資判断**です。

ＮＰＶが仮に0になったとしても、実際の回収金額（将来価値）には目標とする投資リターン（割引率）が含まれていますから、計画通りに回収が進めば問題はありません。

しかし、計画を少しでも下回れば目標値に届かないことになるので、やはり計画段階ではある程度のセーフティー・マージンを持っておきたいところです。

ＮＰＶの考え方を応用し、**投資金額に対する回収金額の現在価値総額を何％以上と決める**方法もあります。

上記の、毎年５４０億円のキャッシュベースでの回収が見込まれるケースでは、投資額２０００億円に対して回収金額の現在価値総額が２０４７円ですから、１０２・４％となります。

もし、投資適格の判定基準が１０２％以上であればこの投資は適格と判定されます。

正味現在価値（NPV）の計算事例（1）５年間の値で判定

期待リターン r（%/年）：　10.0%

	投資	回収				
経過年数　n	0	1	2	3	4	5
キャッシュ・フロー　CF（億円）	**-2,000**	**540**	**540**	**540**	**540**	**540**
割引率（累積）　$(1+r)^n$	1.0000	1.1000	1.2100	1.3310	1.4641	1.6105
現在価値　$CF \div (1+r)^n$	-2,000	491	446	406	369	335
NPV（億円）	**47**					

※投資適格の判定基準がゼロ以上であれば、判定結果は適格となる。

期待リターン r（%/年）：　10.0%

	投資	回収				
経過年数　n	0	1	2	3	4	5
キャッシュ・フロー　CF（億円）	**-2,000**	**520**	**520**	**520**	**520**	**520**
割引率（累積）　$(1+r)^n$	1.0000	1.1000	1.2100	1.3310	1.4641	1.6105
現在価値　$CF \div (1+r)^n$	-2,000	473	430	391	355	323
NPV（億円）	**-29**					

※投資適格の判定基準がゼロ以上であれば、判定結果は不適格となる。

正味現在価値（NPV）の計算事例（2）５年間の％で判定

期待リターン r（%/年）：　10.0%

	投資	回収				
経過年数　n	0	1	2	3	4	5
キャッシュ・フロー　CF（億円）	**-2,000**	**540**	**540**	**540**	**540**	**540**
割引率（累積）　$(1+r)^n$	1.0000	1.1000	1.2100	1.3310	1.4641	1.6105
現在価値　$CF \div (1+r)^n$	-2,000	491	446	406	369	335
NPV（%）	**102.4%**					

※投資適格の判定基準が102%以上であれば、判定結果は適格となる。

正味現在価値（NPV）の計算事例（3）回収期間で判定

期待リターンｒ（%/年）： 10.0%

	投資	回収				
経過年数　n	0	1	2	3	4	5
キャッシュ・フロー　CF（億円）	**-2,000**	**540**	**540**	**540**	**540**	**540**
割引率（累積）　（１＋ｒ）^{n}	1.0000	1.1000	1.2100	1.3310	1.4641	1.6105
現在価値　ＣＦ÷（１＋ｒ）^{n}	-2,000	491	446	406	369	335
回収額の現在価値の累計（億円）		491	937	1,343	1,712	2,047
回収期間（ヶ月）	**59**					

※投資適格の判定基準が4年10ヶ月（58ヶ月）以内であれば、判定結果は不適格となる。

あるいは、**回収期間を何ヶ月以内とする**方法もあります。

毎年５４０億円のキャッシュベースでの回収が見込まれるケースでは、４年目までに回収された金額は現在価値ベースで１７１２億円です。

５年目はやはり現在価値ベースで３３５億円が回収される見込みですから、４年11ヶ月（59ヶ月）で回収されることになります。

もし、投資適格の判定基準が４年10ヶ月（58ヶ月）以内とされていれば、この投資案件は不適格と判定されます。

ＮＰＶの判断はあらゆる分野で使える

さて、このような投資の判断方法は様々な産業分野に応用可能ですが、基準となる投資期間は設備の耐用年数や、製品・サービスのライフサイクルを考慮して決める必要があります。

例えば、技術革新のスピードが速い通信機器や半導体関連の設備を導入する場合と、比較的ゆっくりである電力関連の設備を導入する場合とでは、前者の回収期間を短く設定した方がより合理的な判断になると言えるでしょう。

また、新しい製品やサービスの提供開始時期に対して、あまり早い段階で設備導入を完了してしまうと不稼働や低稼働の時間が長くなります。

そうすると回収期間が長くなる上、時間が経てば経つほど回収するキャッシュの現在価値は貨幣の時間価値の効果が働いて小さな金額となりますから、投資判断は不適格になる可能性が高まります。

ＮＰＶを使った投資判断は、設備投資だけではなく、企業買収、業務提携、不採算部門からの撤退、新規事業の立ち上げなどの広義の投資案件にも応用可能です。

正味現在価値（NPV）による投資判断の概念図

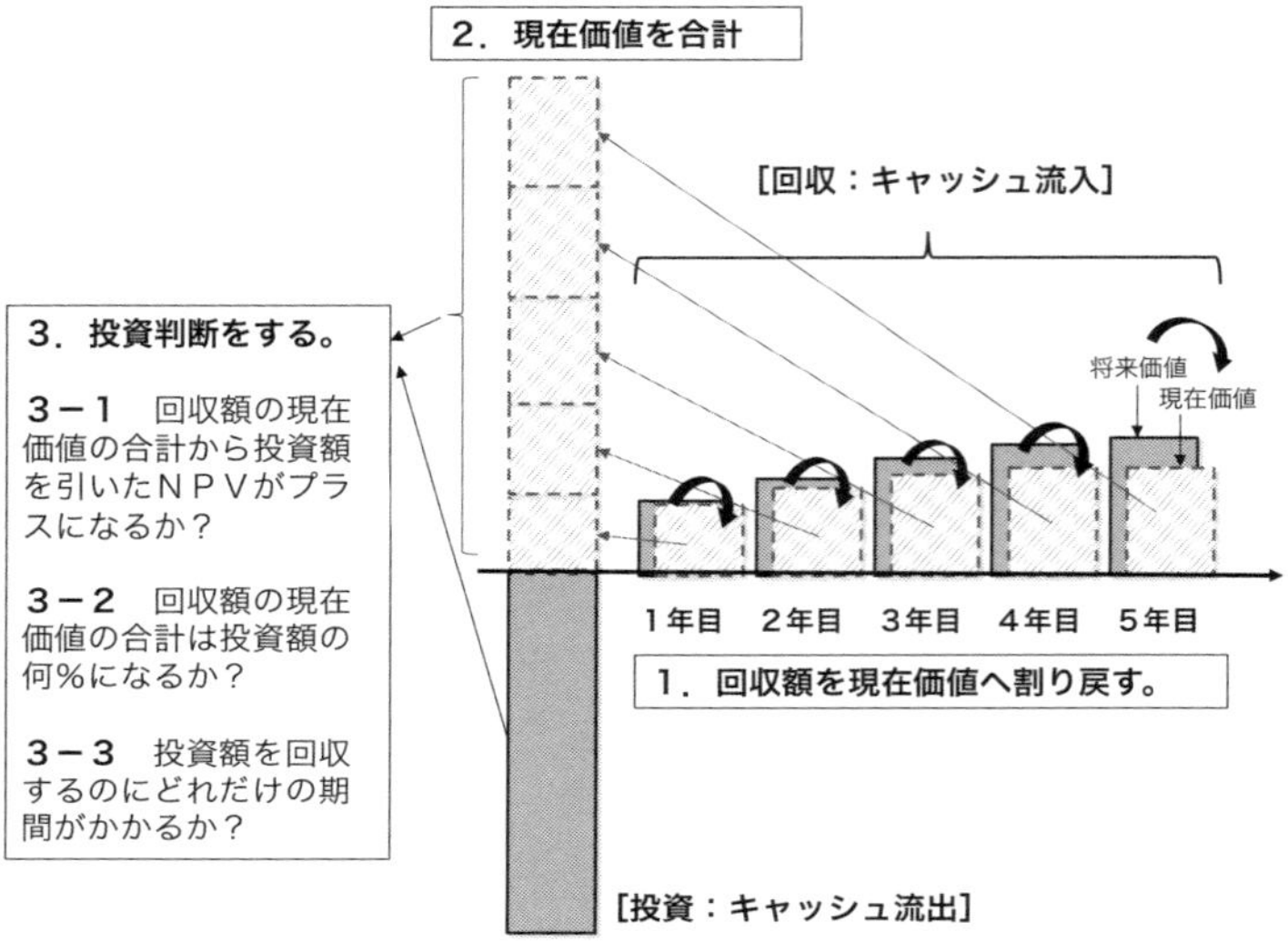

どのように応用するかは経営トップ、経営企画部門、財務部門などの裁量によりますが、基本的な考え方を押さえておけば、経営方針の意図を推測できるようになるでしょう。

ＩＲＲ（内部収益率）～ソフトバンクで使われている意思決定法～

資本コストおよび成長投資に対する考え方

基本的に成長投資を実行する際は、内部収益率（ＩＲＲ）のハードルレートを用いています。当社においては負債を最大限活用していることから、加重平均資本コスト（ＷＡＣＣ）は約５％の水準となっています。実際の投資の意思決定においては、このＷＡＣＣの水準をはるかに上回る、事業リスクに見合った投資リターンを求めています。

（ソフトバンク株式会社　２０２３統合報告書　ＣＦＯメッセージより抜粋）

これは、携帯電話事業を行うソフトバンクの投資家向け情報から引用したもの

内部収益率（IRR）の計算事例

ハードルレート（%/年）： 10.0%

	投資	回収				
経過年数　n	0	1	2	3	4	5
キャッシュ・フロー　CF（億円）	**-2,000**	**540**	**540**	**540**	**540**	**540**
割引率（累積）　$(1+r)^n$	1.0000	1.0000	1.0000	1.0000	1.0000	1.0000
現在価値　$CF \div (1+r)^n$	-2,000	540	540	540	540	540
回収額の現在価値の累計（億円）		540	1,080	1,620	2,160	2,700
内部収益率（%）	**10.92%**					

※内部収益率がハードルレートを超えれば、判定結果は投資は適格となる。

です。これによりソフトバンクが投資判断に**内部収益率（以下、ＩＲＲ）**を採用していることが分かります。

ＩＲＲは、ＮＰＶの考え方を応用した指標で、不動産投資ではよく使われています。

「この物件は利回り○%で回りそう」などと言ったりしますが、**目標となる利回りがあり、それに対して対象物件の利回り予測が高いか低いかを述べるときの言い回し**です。

ＮＰＶでは先に基準となる回収期間と割引率を決めました。

一方、ＩＲＲでは、基準回収期間は決めますが、**割引率は決めずに、ＮＰＶがゼロになる割引率を算出**します。そして、**ハードルレート（目標利回り）よ**

り大きければ投資適格とします。

表は、トヨタ自動車の設備投資のケーススタディにおいてもＩＲＲを使った計算事例ですが、計算結果である10・92％はエクセルの関数機能を使えば簡単に算出できます（数式→関数の挿入→関数名〝ＩＲＲ〟）。そして、ＩＲＲが目標とする投資利回りであるハードルレートを上回っていれば投資適格とします。

もしトヨタ自動車が、この事例のハードルレートを10％とすると、投資は適格となります。

何を使うのが一番いいかは、使用者の判断によりますが、ＮＰＶそのものでは投資に対するリターンの効率が分からない、ＮＰＶ対投資額％だけでは純リターンの金額が分からないなどのように一長一短があります。

よって、社内の投資検討用のフォーマットにＩＲＲを含めたいくつかの指標が自動的に算出されるようにし、一方で投資適格になる条件もあらかじめ決めておくという方法を取るのが良いでしょう。

正味現在価値（NPV）による投資判断の概念図

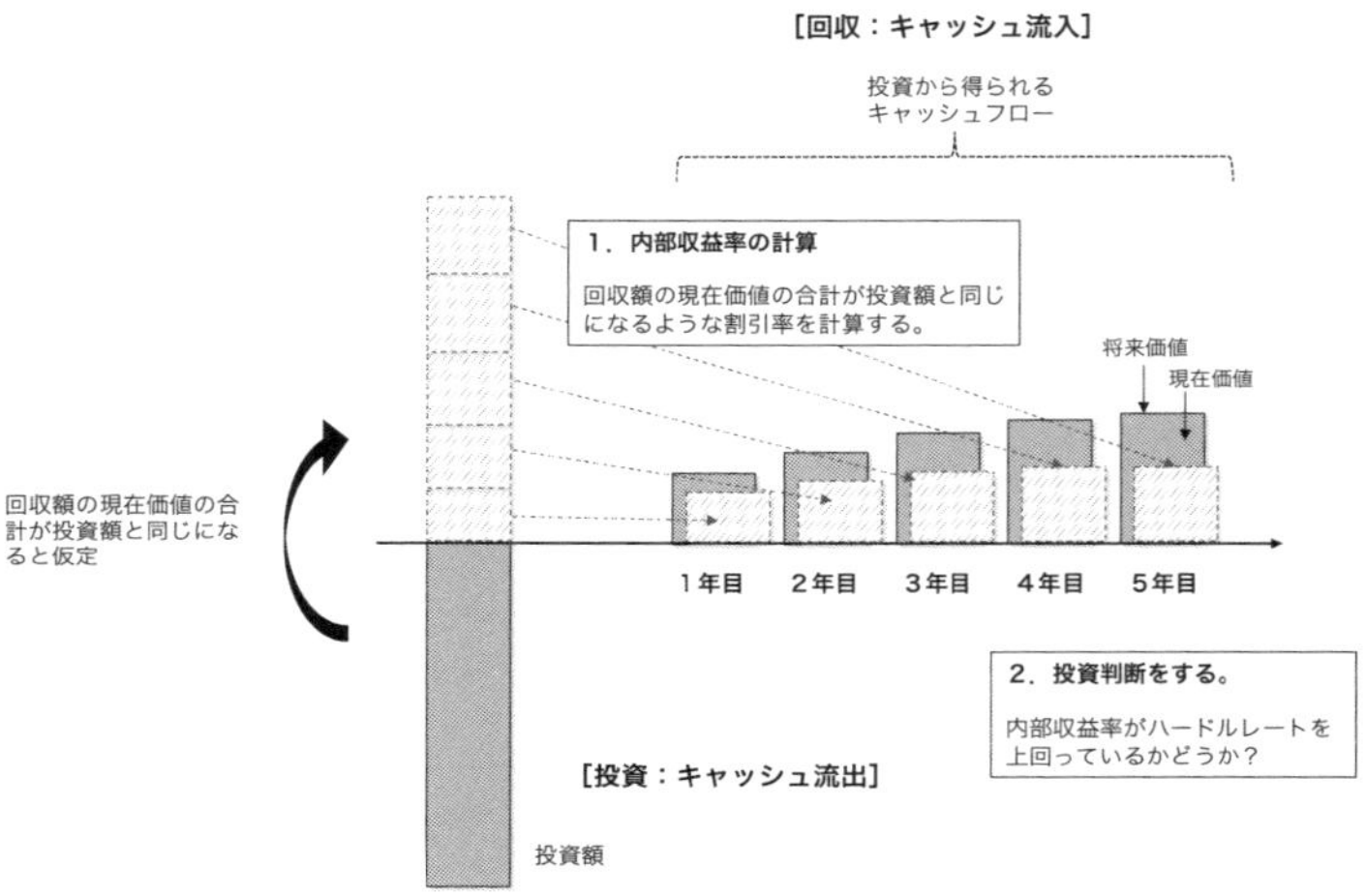

NPVとIRRのちがい

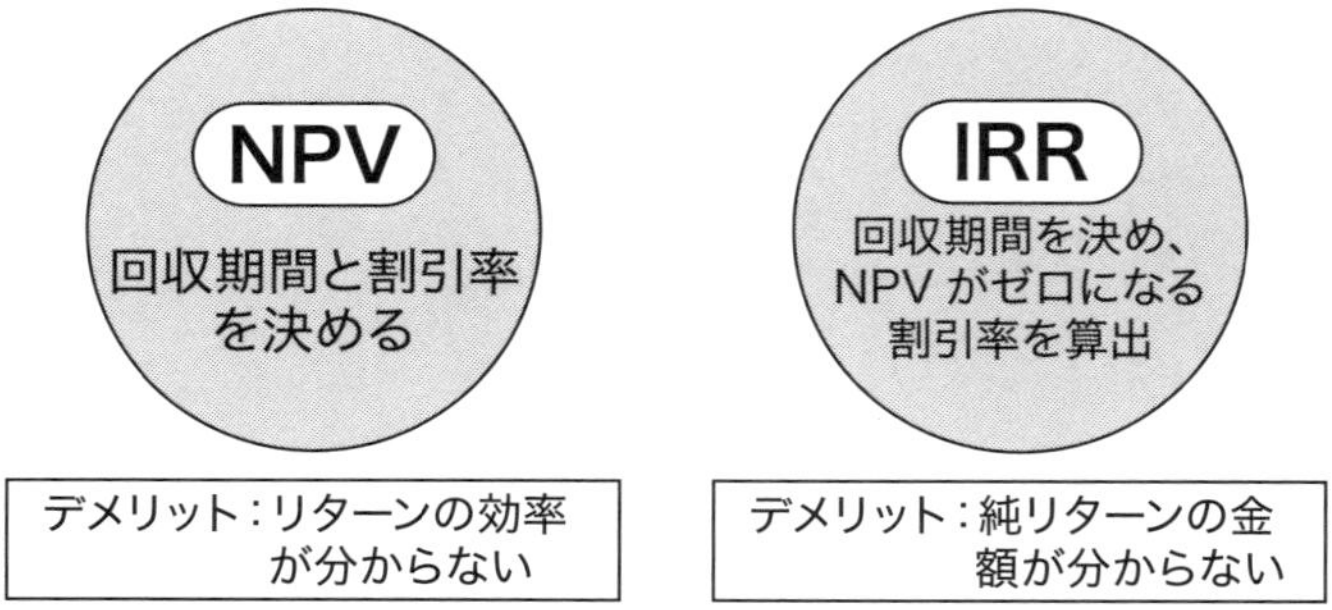

リスクとリターンは「信用」に左右される

ハイリスク・ハイリターンあるいはローリスク・ローリターンという言い方をよく耳にすると思います。

しかし、ハイリスク・ローリターン、あるいはローリスク・ハイリターンという言い方はあまりされません。

ですが、前者に関しては巨額の簿外債務を持つ会社の株式を買ってしまったというようなことが起きるとあり得る話です。また、後者に関しては近々急騰することが一部の人にしか知られていない株式をこっそり買っておいたということが起きると、やはりあり得ると言えるでしょう。

このようなケースに共通することは、本来広く知られるべき情報が知らされていないということです。前者は不正会計、後者はインサイダー取引であり、ともに違法行為です。

もし、ここに市場というものが存在し、売る側と買う側の双方に売買に最低限必要な情報が共有されているならば市場メカニズムが働きます。

そして、リスクが大きいなら、自然と価格が下がり、期待されるリターンが大きい状態に落ち着きます。また、その逆もしかりです。前者がハイリスク・ハイリターン、後者がローリスク・ローリターンですね。

貸し倒れのリスクが高いほど、高いリターンを求められる

さて、同じ銀行から、同じタイミングで行われる貸し出しであっても、**貸出先によって貸出金利には差が存在します**。それは貸出金や利息が確実に返済されるという信用の度合い、つまり貸し倒れリスクのレベルが貸出先によって様々であるからです。

次ページの図は都市銀行、地方銀行、第二地方銀行、信用金庫の2000年1

預金取り扱い機関の貸出約定金利の推移

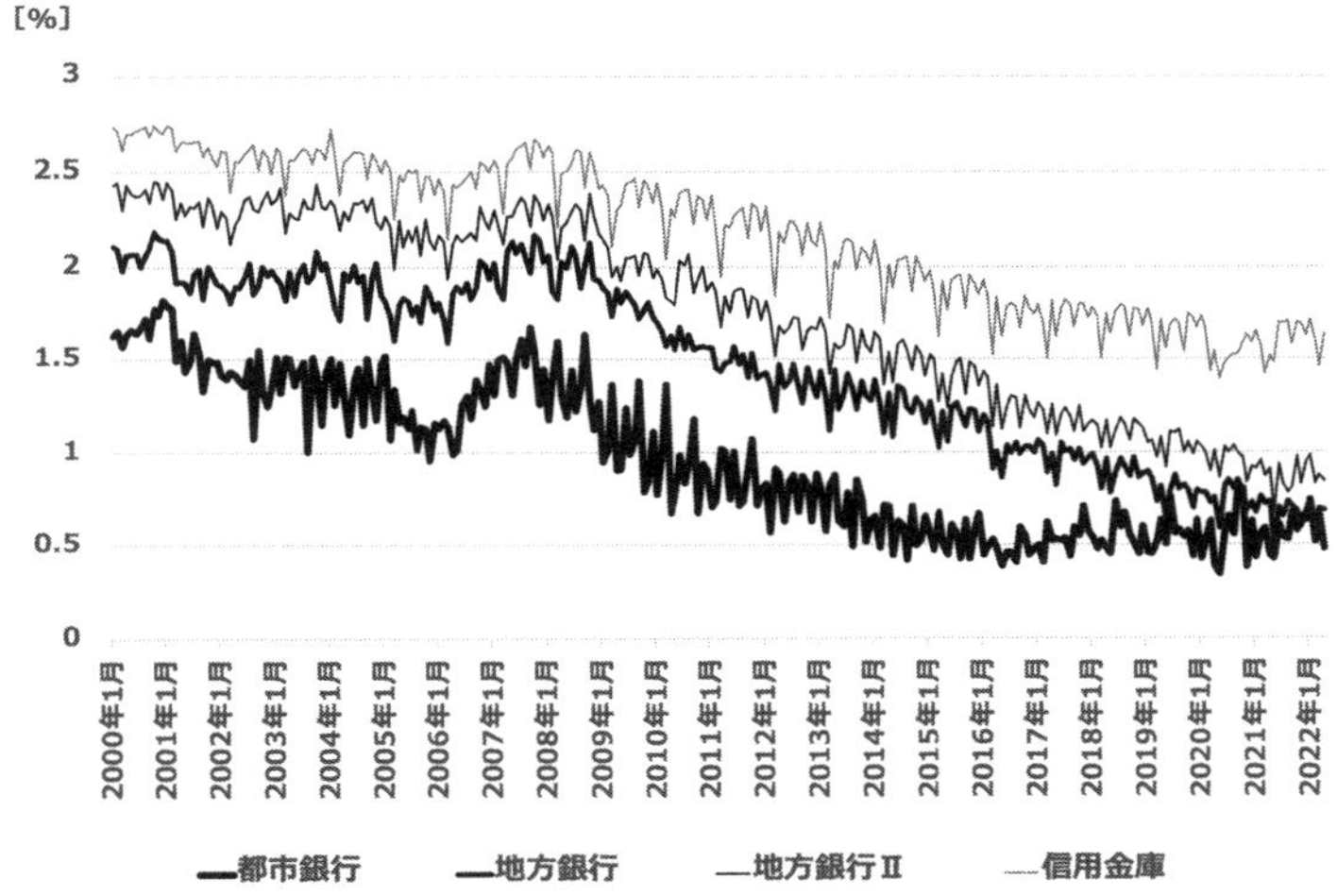

(注) 日本銀行の公開データを使い筆者が作成。新規貸し出し分。

月から２０２２年４月までの貸出金利の推移を示したものです。都市銀行とは、３つのメガバンクにりそな銀行を加えた４行です。第二地方銀行は地方銀行よりやや小規模な銀行の集まりです。

　このグラフから明らかなように、２００６年、２００７年を除くと、期間を通していずれのグループも貸出金利が下落傾向にありますが、どの時期においても次の順になっています。

信用金庫＜第二地方銀行＜地方銀行＜都市銀行

銀行の規模が大きくなればなるほど信用の高い貸出先を多く抱えています。

例えば、都市銀行であれば大企業を顧客に多く持ち、そのときどきの日本国内における最優遇金利で貸し出しを行っていることもあります。

逆に信用金庫では、地場の中小企業や個人事業主が顧客の中心であり、信用という意味では大企業に大きく劣ります。そのため、金利に含まれる貸し倒れリスクをカバーするための割増分を都市銀行と比べて高くしなければならないのです。

消費者金融の貸出金利が高いのは、貸し倒れのリスクが高い貸出先が多いからです。

そして、その損失を負担しているのはまじめに返済と利払いを行う貸出先です。貸し倒れの頻度が想定していたレベルより高ければ、消費者金融は目標としていた利益を確保することができませんし、逆に低ければより大きな利益を上げる

貸し出しにおけるリスクとリターンのイメージ

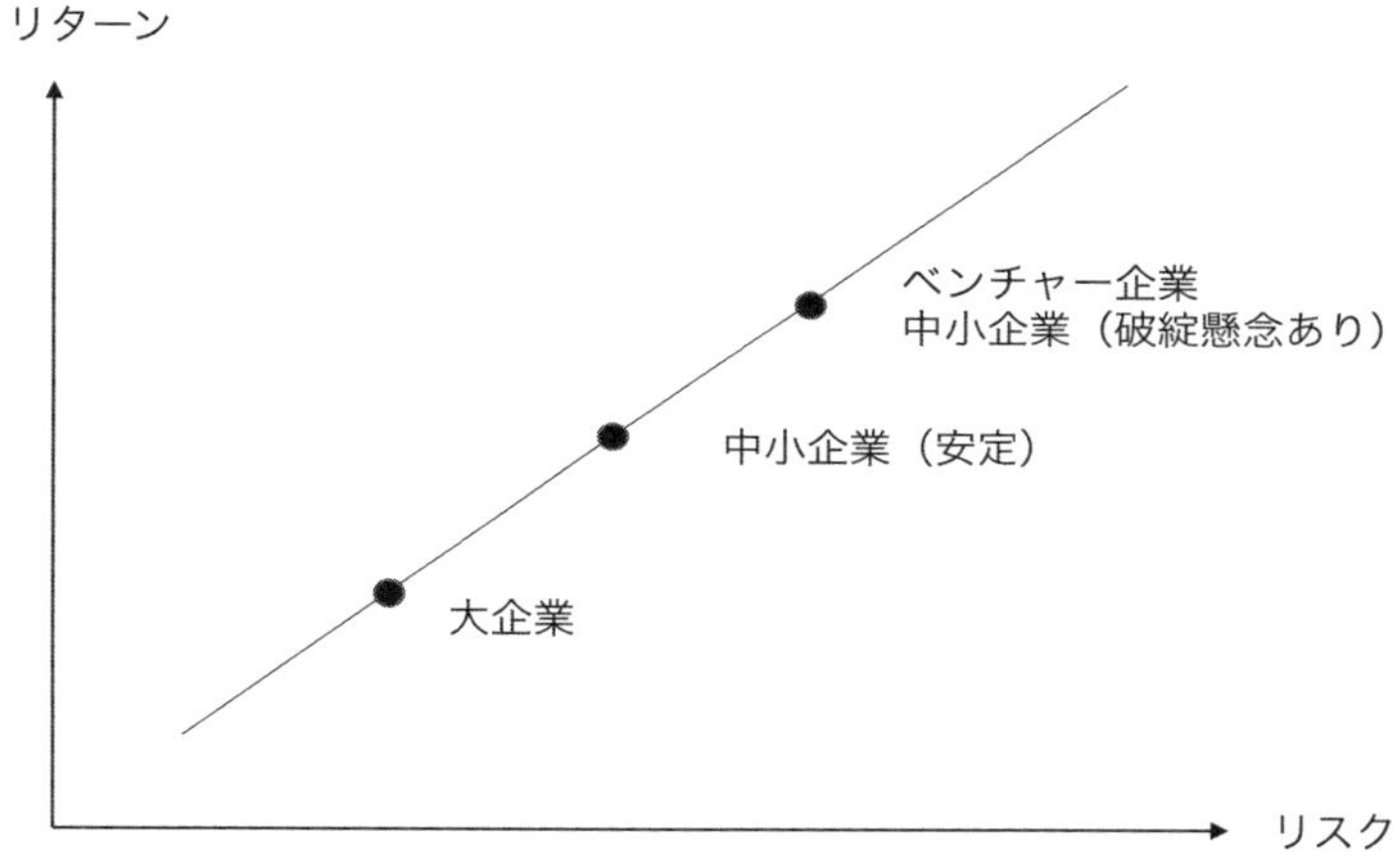

ことができます。

また、**目標とする利益は、大企業などへの貸し出しよりもかなり高い**ものとなります。

リスクばかりが高くて、リターンが同じであれば、だれもそのような事業をやりたがらないからです。つまり、市場原理が働くということです。

トヨタ自動車とベンチャー企業を比べると、どちらが貸し倒れの可能性が高いでしょうか？

言うまでもありませんね。トヨタ自動車が貸し倒れを起こす可能性はほぼゼロです。

ですので、経費と利益が十分にカバーされているなら、リスクに対する割増金利はほぼゼロにしても大丈夫なはずです。

一方、ベンチャー企業へ貸し出しをする場合は、貸し倒れリスクを十分にカバーできる貸出金利としなければなりません。しかし、もし貸し倒れの割合が想定以内であれば、トヨタ自動車に貸し出すより高い収益性が見込めるのです。

このようにして、ハイリスクであればハイリターン、ローリスクであればローリスクという組み合わせが出来上がります。

株式には「期待金利」がある

貸し出しには貸出金利という契約金利がありますが、実は株式にも金利が存在します。ただし、それは契約金利ではなく**期待金利**と言うものです。

株式に金利があると言うと違和感を持たれる方も多いと思います。

しかし、株式投資は株価下落で損をするリスクを負ってでも、利息収入とは比べものにならないほど大きなリターンを期待して行われるものです。

株式投資のリターンとは株価上昇と配当を合計したものです。これらは契約で約束されたものではありませんが、消費者金融などの特殊なものを除いた一般的な貸し出しにおけるリターンと比べると高いレベルであることが期待されています。そして、それは株式会社と投資家の間の「お約束」になっているのです。

図１　日経平均株価の推移（2012 年～ 2022 年の各月の終値）

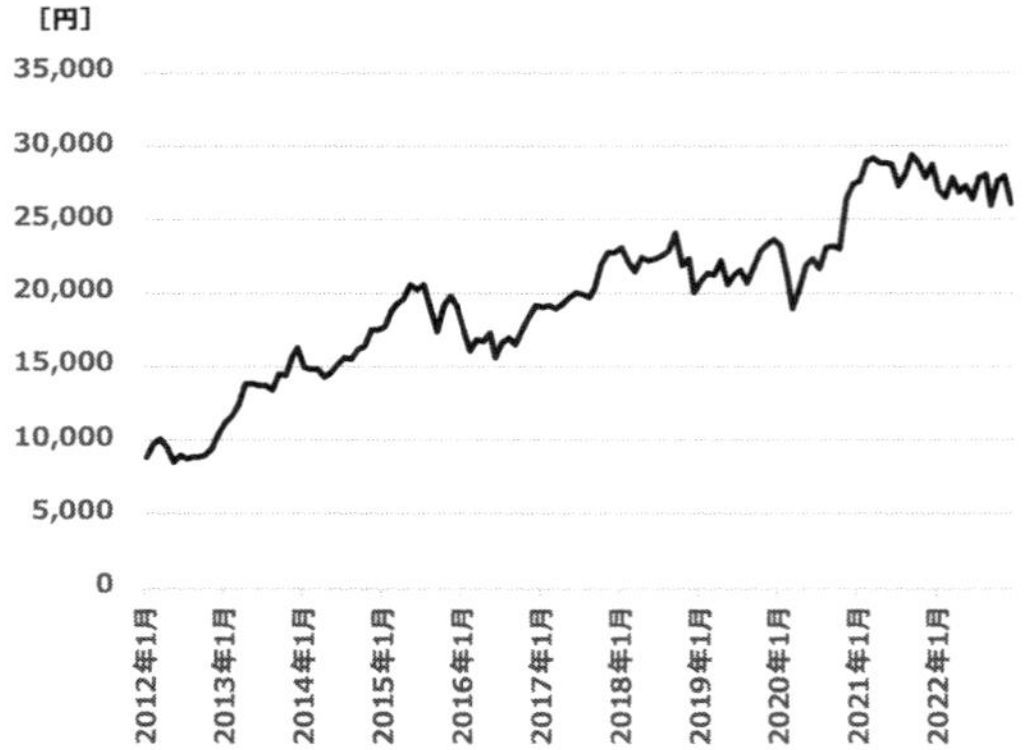

（注）日経平均プロフィルの公開データを使用し著者が作成。

図２　日経平均株価の上昇率の推移（2012 年～ 2022 年の各月終値を１年前と比較）

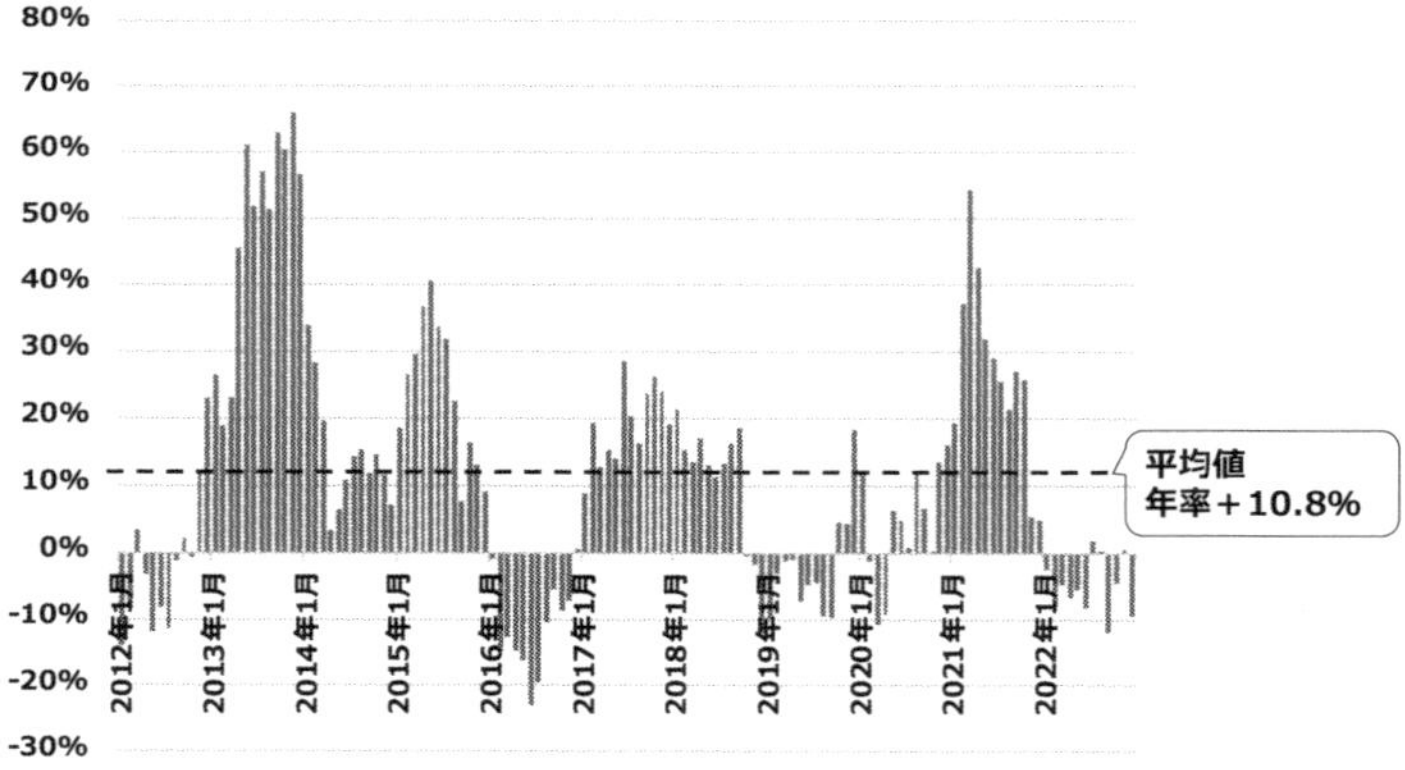

（注）日経平均プロフィルの公開データを使用し、著者が作成。

図1は２０１２年から２０２２年までの日経平均株価の推移です。日経平均株価は期間を通して上昇傾向にあり、２０１２年に1万円前後であったのが、２０２１年には3万円前後まで上昇しています。

図2は同期間各月の日経平均株価の年間上昇率の推移、次ページの図3はその分布図です。

1年間の上昇率でみると、２０１３年、２０１５年、２０１７年から２０１８年にかけて、２０２１年の4期間に1年前と比較して年率20％以上の急騰がありました。期間を平均すると、年率10・８％の上昇率でした。

この上昇率ですが、１３２ヶ月のうち43ヶ月、約32・6％の月においてマイナスとなっていました。儲かるときには大きく儲かります。その逆のときもあり得るということです。これは売り買いのタイミングを間違えていたら、大きく損を出していた可能性もあったことを意味します。

このように投資家は、株式に投資をする際、大きな損失を出すリスクを背負う代わりに、貸出金利とは比較にならないレベルの高いリターンを期待します。

図 3　日経平均株価の上昇率の分布（2012 年～ 2021 年の各月終値を 1 年前と比較）

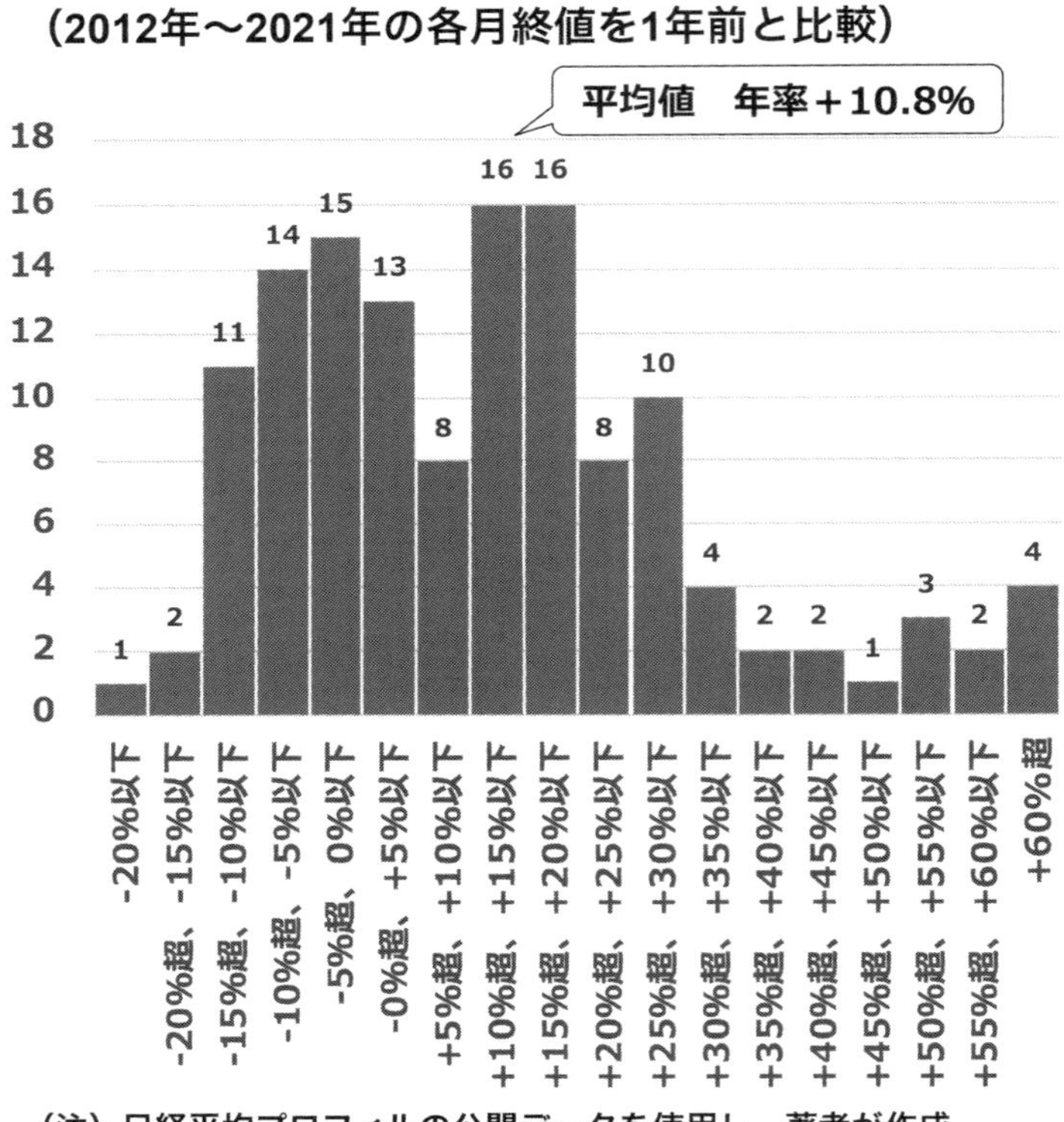

（注）日経平均プロフィルの公開データを使用し、著者が作成。

株主資本コスト
～株主が期待するリターン～

２０２３年３月31日に、日本取引所グループの株式会社東京証券取引所上場部は、「資本コストや株価を意識した経営の実現に向けた対応について」を公表しました。

その趣旨のひとつが、「持続的な成長と中長期的な企業価値向上を実現するため、単に損益計算書上の売上や利益水準を意識するだけではなく、**B/Sをベースとする資本コストや資本収益性を意識した経営を実践していただくこと**」と述べました。

２０２４年３月期の大手各社の決算資料や経営者のインタビューには、この影響がたいへん色濃く出ており、「資本コスト」や資本収益性を示す「ＲＯＩＣ《ロイック》（投下資本利益率）」という言葉が飛び交っています。

ここで説明する株主資本コストは、資本コストの主たる構成要素にあたるものです。もうひとつの構成要素は有利子負債の金利ですが、これについてはこの章の後で触れることにします。また、ＲＯＩＣについては第5章で説明致します。

ＴＯＰＩＸは長期株式利回りの統計が手に入る

さて、現在の日本の株式市場の期待金利はどの程度なのか考えてみましょう。第１章でお話しした通り、日本の株価は２０１２年からの約10年間、年率10・8％もの高いレベルで上昇してきたわけですが、長期的に見るとどの程度で上昇してきたのでしょうか？

また、株式のリターンには株価上昇に加えて配当金もありますので、合わせると一体どのくらいリターンがあったのでしょうか？

図は１９７０年から２０２２年までの**ＴＯＰＩＸ（東証株価指数**[*26]**）**の暦年終値

＊26　ＴＯＰＩＸ（東証株価指数）とはTokyo Stock

TOPIX 指数の推移（1970 ～ 2021 年）と期間平均上昇率

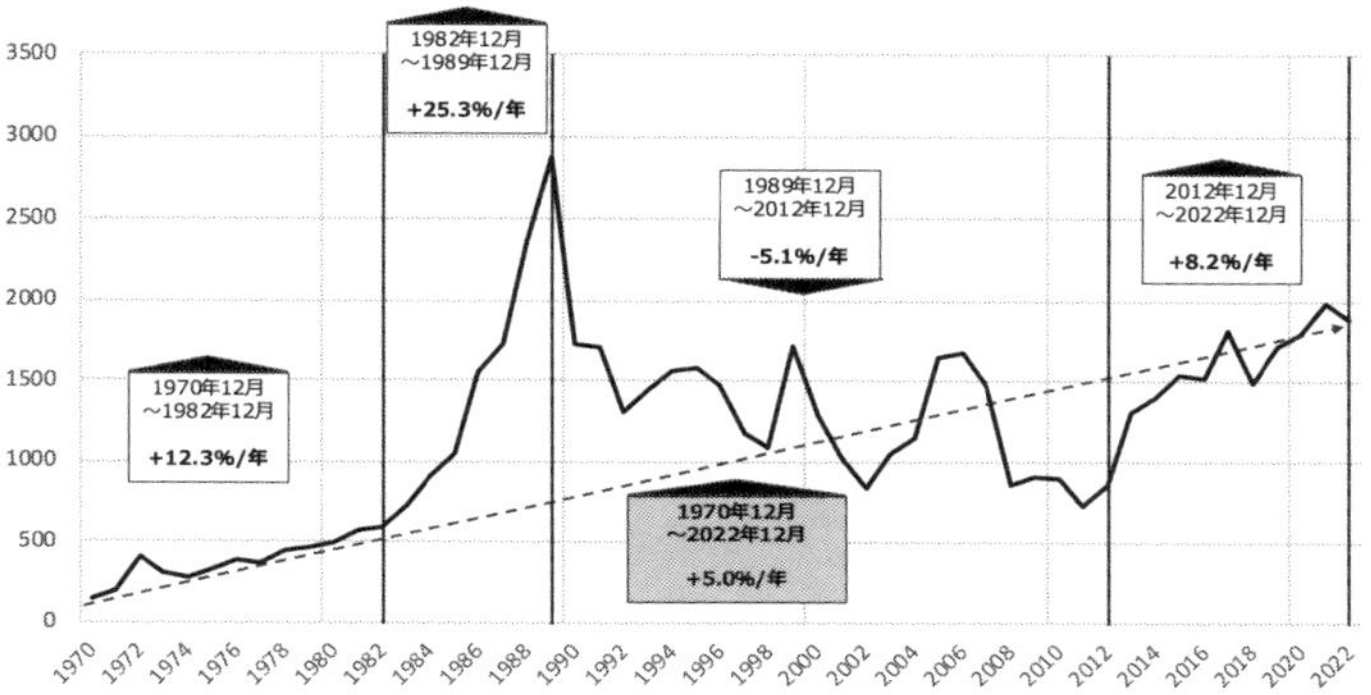

（注）日本取引所の公開データを使用し、著者が作成。

の推移、および期間の上昇率を示したものです。

TOPIXは日経平均株価ほど親しみがないかもしれませんが、総リターンを計算する際に必要となる長期の株式利回り（株価に対する配当金の割合）の統計が入手しやすいのでこちらを使うことにします。

1970年末から1982年末までTOPIXは年率12・3％の割合で上昇しました。

1980年代にバブル経済と呼ばれる時期が日本にあったことは多くの方がご存じのことと思います。

Price Index の略で、東京証券取引所に上場する銘柄を対象として算出・公表されている株価指数です。日経平均株価と並ぶ日本の代表的な株価指標です。2022年4月の東京証券取引所の新市場区分移行までは、東証1部上場の全銘柄を対象として、各銘柄の浮動株数に基づく時価総額を合計し、1968年1月4日を基準日に、当時の時価総額を100として算出されます（SMBC日興証券　ホームページより抜粋）

1983年以降その上昇速度のギアを急激に上げ、1982年末から1989年末まではTOPIXは年率25・3%の割合で上昇しました。

しかし、その後はバブル崩壊から実態経済、株価共に長期衰退の時期を迎え、1989年末から2012年末まではTOPIXは年率5・1%の割合で下降しました。

そして、2013年以降は2012年までの長期下落基調から脱し、2022年12月末までTOPIXは年率8・2%の割合で上昇しました。この期間の日経平均株価の伸びは年率10・8%でしたから、それよりもやや低いですが、十分に高い上昇率であったと言えるでしょう。

日本株式の期待金利は6・4%

以上のような実績から、日本の株価の長期の傾向について、平均的な姿をとらえることは非常に難しいです。しかも、1989年末から2012年末までは、上昇ではなく長期間続く下落傾向にありました。これは他の先進国ではなかなか見ることのできない現象です。

それでもあえて長期的な視点で見ることにしましょう。１９７０年末から２０２２年末の52年間で見ると、上昇率の平均は年率で５・０％となります。期間の設定の仕方で、上昇率は著しく異なるものとなるため、何が絶対的に正しい値であるのかを決めることはできませんが、ここではこの年率５・０％を日本の株価の期待成長率としたいと思います。

さて、株式からは株価の上昇以外に配当金というリターンを期待することもできます。図は、１９７０年から２０２２年までの東証１部[*27]の株価に対する配当金の割合である株式の「利回り」と呼ばれるものの推移を示したものです。

時期によって大きく変動するものですが、全期間を平均すると１・４％でした。そうすると、株価上昇の期待値を年率５・０％としていましたので、配当金とあわせて株価に対して年率６・４％のリターンが期待できるということになりま

＊27　２０２２年４月以降はプライム

株価に対する配当金の割合の推移（東証１部）

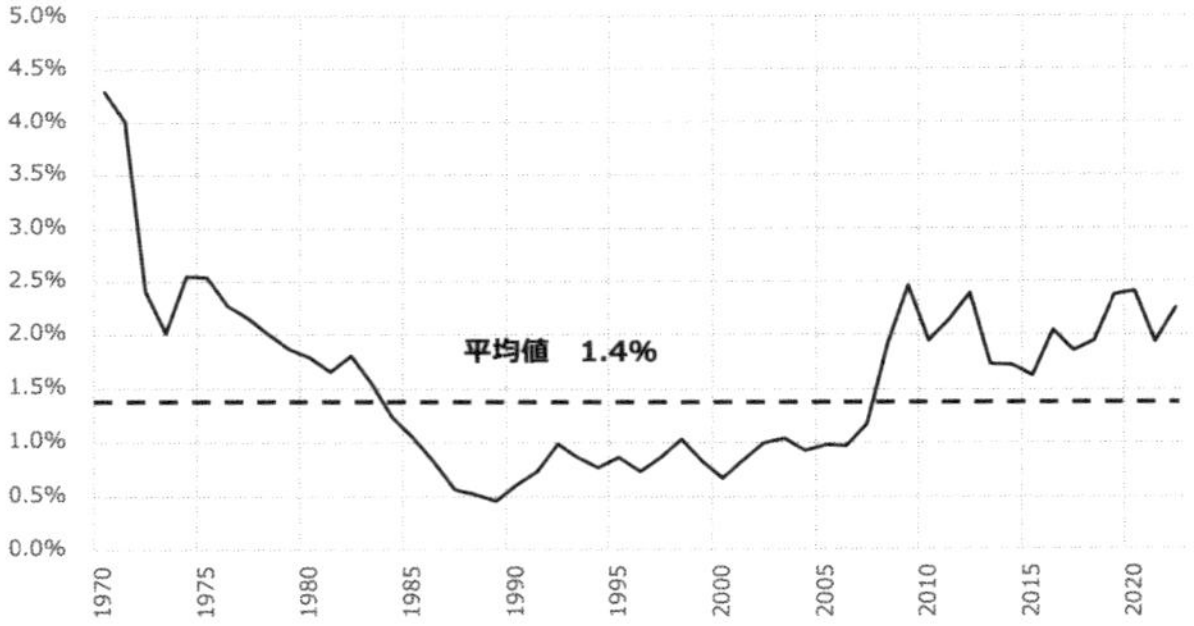

（注）日本取引所の公開データ（加重利回り）を使し筆者が作成。

す。

株式投資における期待金利は、企業側にとっては株式による資金調達コストであり、ファイナンス用語では、「**株主資本コスト**」と呼ばれています。

繰り返しになりますが、株主資本コストの構成要素である株価の上昇も配当金も、もともと約束されたものではありません。

株価が期待に反して下落することは日常的に起こっていますし、配当金も1年間の純利益がいくらかであったかに応じて変動するものであり、状況によっては無配になることもよく起きることなのです。

しかし、リターンがマイナスになる、あるいはゼロになる可能性がある半面、実績としてはそれなりのリターンを生み出していることもまた事実です。

このようにして、市場メカニズムが働き、銀行貸出と比べると明らかにハイリスク、ハイリターンの状態が形成されていくのです。

企業間に存在するリスクとリターンの差異について

企業間にも株式のリスクとリターンの大小が存在します。

このことについては多くの書籍で「資本資産価格モデル」という資産のリスクとその期待リターンに関するモデルを使って説明がなされています。

とても重要な理論なので理解をしておいた方がもちろんいいのですが、実際の市場データを確認すると、この理論が成立していないケースがあり、データの取り扱いを間違えると重大なミスを犯すことにもなりかねません。

ファイナンスの知識を現場で使うという本書の目的を考えるならば、この理論の詳細について知るよりも、ファイナンス知識の正しい使い方をマスターすることに集中した方が良いと私は考えています。

なぜなら、投資判断に使用する割引率を決めるのは経営陣、本社機能の役割であるからです。

もしあなたが、経営企画部門や財務部門の責任者やスタッフであるなら、資本資産価格モデルについての深い知識とその使用上の注意点について精通している必要があると思います。

しかし、そうでないのなら基本的な考え方を理解した上で、思い切ってスルーしてしまってもいいと考えられます。

例えば、自社で使う割引率が、市場平均より高い株主資本コストを反映しているという説明を聞いたとき、「浮き沈みの激しい業界の特徴として、あるいはまだ企業が成長途上にあるため、投資家や株主からはリスク（つまりリターンのばらつき）が大きいとみなされている。よって、その結果として市場平均より高いリターンを求められている」と理解できるなら、全く問題はありません。

ＷＡＣＣ（加重平均資本コスト）
〜経営者が言う「資本コスト」〜

ここまで、株式には貸付金のような契約金利はないが期待金利があり、その値は私が設定した期間（１９７０年から２０２２年）と分析対象（ＴＯＰＩＸ）で算定すると、年率６・４％くらいになるというお話をしました。

しかし、多くの株式会社は株式だけでなく、借入金、社債、リースなど様々な手法で資金調達をしています。これらをまとめて有利子負債と呼ぶことにすると、株式会社の資金調達方法は**株式**と**有利子負債**に二分されることになります。

有利子負債の金利は、会社の信用によって異なりますが、株式の期待金利である株主資本コストと比べると非常に小さいものになります。

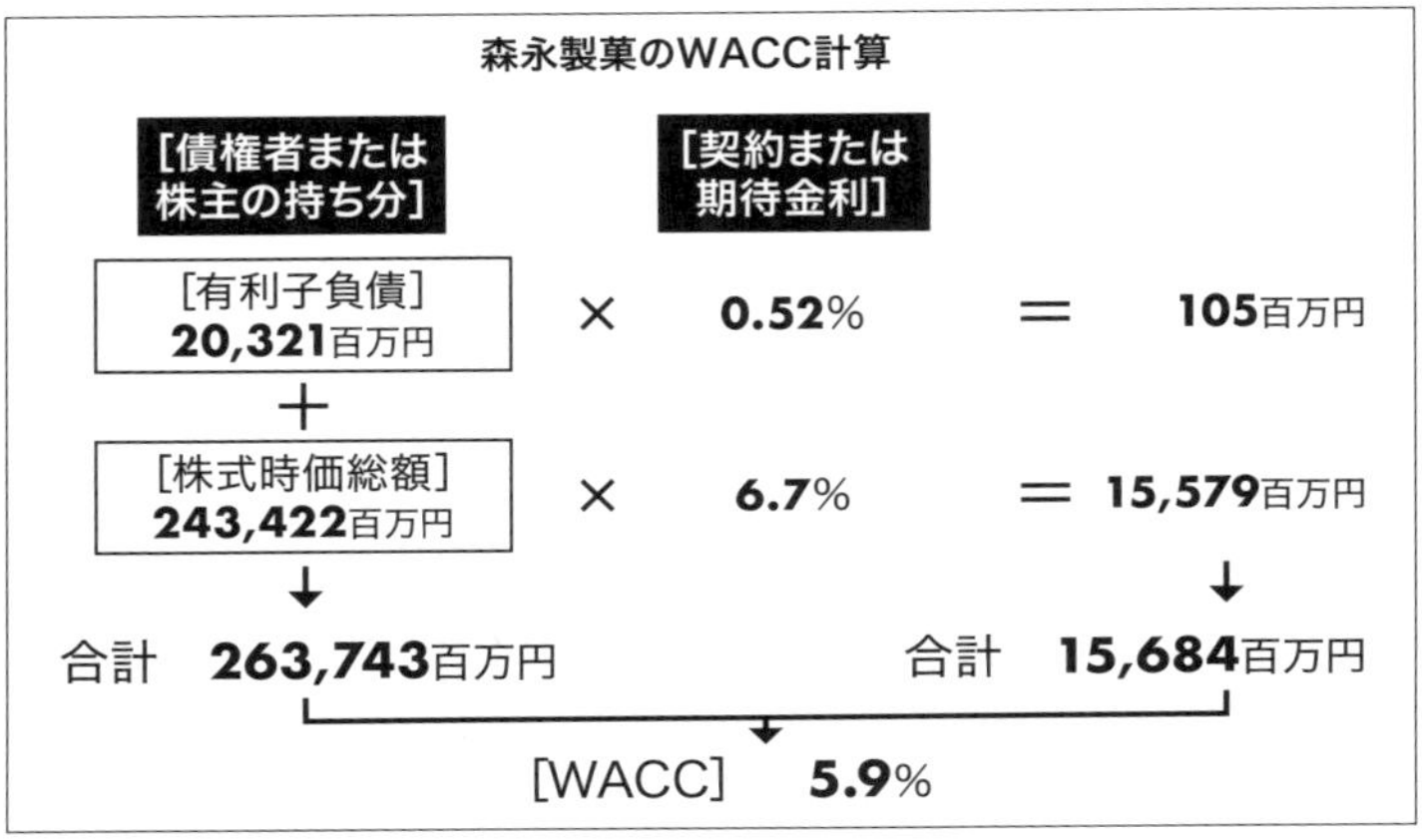

２０２３年９月現在では、もちろん財政状態にもよりますが、大企業では１％前後から２％くらいが普通ではないでしょうか？

森永製菓の期待金利は？

ここでは株式と有利子負債をあわせた期待金利はどのようにして決まるのかについて、第１章、第３章で事例として引用した森永製菓をモデルとしてお話をします。

ただし、これは単純化したものであり、実際の投資家の計算結果とは若干の差異がある可能性があることをあらかじめお断りしておきます。

バランスシート（貸借対照表）の実例

森永製菓株式会社　連結貸借対照表　**（2024年3月31日　単位：百万円）**

資産の部	
流動資産	
現金および預金	44,900
受取手形および売掛金	30,623
有価証券	4,999
商品および製品	16,939
仕掛品	615
原材料及び貯蔵品	11.084
その他	8,928
貸倒引当金	△46
合計	118,045
固定資産	
有形固定資産	
建物および構築物	35,867
機械装置および運搬具	27,031
工具、器具および備品	1,756
土地	12,994
その他	3,039
合計	80,690
無形固定資産	2,015
投資その他の資産	
投資有価証券	13,217
その他	9,674
合計	22,891
固定資産合計	105,598
資産合計	223,644

負債の部	
流動負債	
支払手形および買掛金	23,002
未払金	12,720
未払法人税等	6,192
返金負債	5,720
その他	16,802
合計	64,436
固定負債	
社債	9,000
長期借入金	10,000
退職給付に掛かる負債	2,677
受入敷金保証金	3,557
その他	1,320
合計	26,554
負債合計	90,991
純資産の部	
株主資本	
資本金	18,612
資本剰余金	17,186
利益剰余金	86,305
自己株式	△4,865
合計	117,239
その他の包括利益累計	13,963
非支配株主持分	1,450
純資産合計	132,653

（注）森永製菓株式会社の有価証券報告書を参考にして筆者がシンプルにまとめた。

2024年3月31日の森永製菓のB/Sをみると有利子負債が20321百万円あります。これは、社債、借入金、リース債務の合計です。

一方、同日で終わる1年間の損益計算書から支払利息が105百万円となっていますから、有利子負債の平均金利は0・52%程度（＝105÷20321）と推定されます。

同社は年間に105百万円の金利を支払う義務があります。同社の株式の時価総額は同年3月末時点で24342百万円でした。また、株主資本コストは先にTOPIXの事例で求めた年率6・4%と同じであるとします。

さらに1557９百万円（＝24342百万円×6・4%）を株価上昇と配当金支払いの合計である資本コストとして生み出し、株主の期待に応える必要があります。

森永製菓には、自社が保有する資産と、有利子負債以外の負債（買掛金や未払金など）をうまく使って、**有利子負債金利と資本コストの合計15684百万円を**

計算式まとめ

D：資金調達における有利子負債の割合

有利子負債 （20,321 百万円）	÷	有利子負債と株式時価総額の合計 （263,743 百万円）

＝ **0.077**

S：資金調達における株式の割合

株式時価総額 （243,422 百万円）	÷	有利子負債と株式時価総額の合計 （263,743 百万円）

＝ **0.923**

C：森永製菓のWACC
（債権者および株主の平均的な期待金利）

	有利子負債金利 × D	＋	株主資本コスト × S
＝	0.52% × 0.077	＋	6.4% × 0.923

＝ **5.95**%

生み出すことが求められます。

そして、この15684百万円を有利子負債と株式時価総額の合計である263743百万円で割って求めた5・95％が、有利子負債金利と株主資本コストの平均的な期待金利です。

このような計算方法を「**加重平均する**」といいますが、結果として有利子負債と株式時価総額の金額規模が反映された値として、株式会社に対する総合的な期待金利が算出されます。

これを**WACC**《ワック》といいます。投資家向けの情報や経営者インタビューで、資本コストと言えば、このWACCと同義だと考えて下さい。

WACCに相当する儲け（厳密には利払い、配当前のCF）を毎年生み出しているだけでは、最低限のハードルをクリアしたにすぎず、プラスアルファを生み出すことができていません。

経営者にはさらにその上のリターンが求められており、それが債権者や株主から見た場合の実質成長となります。

売上や利益が増えていくことも成長と呼びますが、それだけでなくもうひとつの成長も実現しなければならないということです。この点については、第6章で事例を使って説明します。

WACCの計算で借入金利に（1－法人実効税率）を掛ける

ほぼすべてのファイナンスに関する専門書や一般解説書には、WACCを計算する際には有利子負債金利に（1－法人実効税率）を掛けるようにと書いてあります。これは、簡単に言うと借入をすると金利が税法上の損金となり節税できるので、割引率をやや低めに設定してもよいと考えられているからです。

法人実効税率とは、法人の実質的な所得税負担率のことをいいます。日本では国税である法人税に地方税である地方法人税、法人住民税、事業税を加えた税率を意味し、平均すると約30％程度です。

先の森永製菓の事例では、次のようになります。

0.52% × 0.077

↓

0.52% ×（1 − 30%）× 0.077

つまり、ＷＡＣＣを構成する有利子負債コストが3割小さくなっているということです。

これについてはのちほど補足説明をします。ややテクニカルな内容のため、難しすぎると思われる方はスルーして頂いて結構です。

細かな計算はできなくてよい

株式資本コストやＷＡＣＣの計算は、企業内でファイナンス知識を使おうとしている全ビジネスパーソンができるようにならなければならないのでしょうか？

答えはノーです。このような計算は経営企画部門や財務部門の専門家に任せてしまって全く問題ありません。

しかし、株主や投資家が自社の資本コストをどのように評価しているのか、そしてそれはどのように算出されているのかについては知っておいた方がよいでしょう。

また、企業内で設定された投資判断に使う割引率がどのような意味を持っているのかについても同様です。

私は、企業内で投資判断に使用される割引率は、その会社が極端に大きなリスクを抱えていない限り、ＷＡＣＣでなく、株式資本コストに１～２％を加えた値とするのが望ましいと考えています。

つまり、ある株式会社の株主資本コストが、市場と同じ６・４％[*28]であるとするならば、７・４％～８・４％の範囲にしておくということです。

その３つの理由をお伝えします。

【理由１】そもそも負債が大きいからリターンも小さくていいという論法はおかしい

投資家から見た場合、ある企業の企業価値評価を行う際、事業から生み出されるＣＦの予測をし、客観的に見て最も妥当と思われるＷＡＣＣを割引率として、そのＣＦの現在価値を算出します。

また、負債をうまく使って資本コストを低減させることも正しい行動です。同じＣＦ予測がある場合、割引率が低いと現在価値が大きくなるため、企業価値も

＊28 著者の試算による

その分大きくなり、結果として株主利益にそうことになるからです。

しかし、投資から生み出されるCFは、その企業がどのように資金を調達しているかとはそもそも無関係なことです。

よって、WACCが小さくても、投資から生み出されるCFは、もし株式だけで資金調達をしていて、高い割引率を適用するとしても十分に回収できるような投資計画を立案した方が、競争力の強化につながっていくのではないかと考えられます。

【理由2】キャッシュを生まない投資をカバーする必要がある

投資には直接的にキャッシュを生まないものもあります。

例えば、環境、安全、福利厚生などの目的になされるものです。これらは企業にとって必要であるから行うわけですが、そのために発生するキャッシュ流出を、キャッシュを生む投資により余分に稼がないと全体では投資と回収のバランスが理想的な形にならなくなります。

つまり、投資判断を行う際には割引率をやや高めに設定する必要があるということです。

【理由3】海外の機関投資家は株主資本コストを企業側より1%~2%高く見積っている可能性がある

ROICの活用法について書かれた書籍、『ROIC経営』（KPMG FAS／あずさ監査法人　編、日本経済出版）には、次のような記述があります。

> 中長期的かつ持続的な企業価値向上の観点からみれば、日本株式に対する国内の機関投資家の中長期的な期待収益率は6%~7%、海外の機関投資家は7%~8%とみられる。日本企業が認識する株主資本コストが6・2%であるとすれば、国内の機関投資家の期待収益率と同等かやや下回る、海外の機関投資家からすれば期待収益率を大きく下回る水準ということになる。

この記述は、2016年頃の様々な調査結果に基づいたものと判断できるため、

2024年の今も同様の傾向であるかどうかは定かではありません。

しかし、もしこの傾向が今も続いているのであれば、企業が自ら考える株主資本コストが国内、海外を問わず機関投資家の想定する値より1～2％低いことになり、それは大きな認識ギャップと言えます。

逆に、1～2％高いのであれば、自社に厳しすぎるという課題は残るものの、低いよりははるかにましであると言えます。

利害関係者の期待値を低く見積っているより、高く見積っている方が、期待にそえる可能性は大きく高まるからです。

割引率は株式資本コストにプレミア値を加えるのがよい

以上の3つの理由から、割引率は株式の資本コストにプレミアム（+1～2％）を加え値とするのが良いのではないと考えます。

もちろん、これは各企業の考え方によるものであり、絶対的なものではありません。

リスクの高い新事業を積極的に立ち上げよう、あるいはベンチャー企業を買収しようという場合は、プレミアムを＋３％や＋５％とすることもあり得るでしょう。

一方、電力やガスなどのインフラ系事業では資金調達に占める有利子負債の割合がかなり高くかつ安定していますから、ＷＡＣＣに近い値を割引率として使う決定をしてもよいと考えます。

このような業界では儲けたキャッシュを返済に回し有利子負債を減らしていこうとはあまりならず、株主もそのことを織り込み済みで投資しているからです。


ただし、企業としては、「投資家や株主が期待する資本コスト」と「投資判断に使う割引率」がそれぞれどのような値であり、どのような計算根拠に基づくものなのかを社内に周知していくことが重要です。

そうでなければ、これらの数字が多くの人々にとって全く意味不明なものとなり、単なる計算に使われるだけの数字と化してしまう恐れがあるからです。

第5章

意思決定に役立つ投資家目線の会計指標

高まるROICの重要性

投資家目線の会計指標はいくつかありますが、その中でもROICの重要性が極めて高くなっており、スタンダードな管理指標として定着しつつあります。

例えば、ENEOSホールディングスは、2024年1月に日本経済新聞のインタヴューの中で、まず各々の事業を分社化し、それらをROICで管理する、そしてROICが株主などの期待収益率を示すWACCを3年連続で下回った場合、その事業に対し抜本的な変化を与えるとしています。

売上高営業利益率など、売上高に対する利益額の割合を経営目標とする時代は終わり、どれだけお金を投資し、それに対するリターンはどの程度かが最重要視される時代へと移りつつあるのです。そして、これは単なる流行でなく、不可逆的な動きとなることでしょう。

本章では、ＲＯＩＣを理解するために必要な、時価ベースのＢ／Ｓ、フリーＣＦの解説を経て、ＲＯＩＣとは何なのか、なぜそれほどまでに重要なのかについて理解を深めていきます。

時価ベースのB/Sで投資家が求めるリターンが分かる

第4章で、株主と債権者の平均的な期待リターンはWACCと呼ばれていると述べました。実際のB/Sにおいて、どのような意味を持っているのでしょうか?

B/Sは簿価[*29]で構成されていますが、まずこれを時価ベースに作り替えることから始めます。

なぜなら、株主の期待リターンは簿価である純資産ではなく、株式の時価総額に対するパーセンテージで算出されるからです。一方、債権者の貸付元本は簿価と時価にほとんど差がないと考えられるので、簿価のまま使うことにします。

＊29 会計上で認識される金額

時価ベースとのバランスシートとは（森永製菓　2024年３月31日）

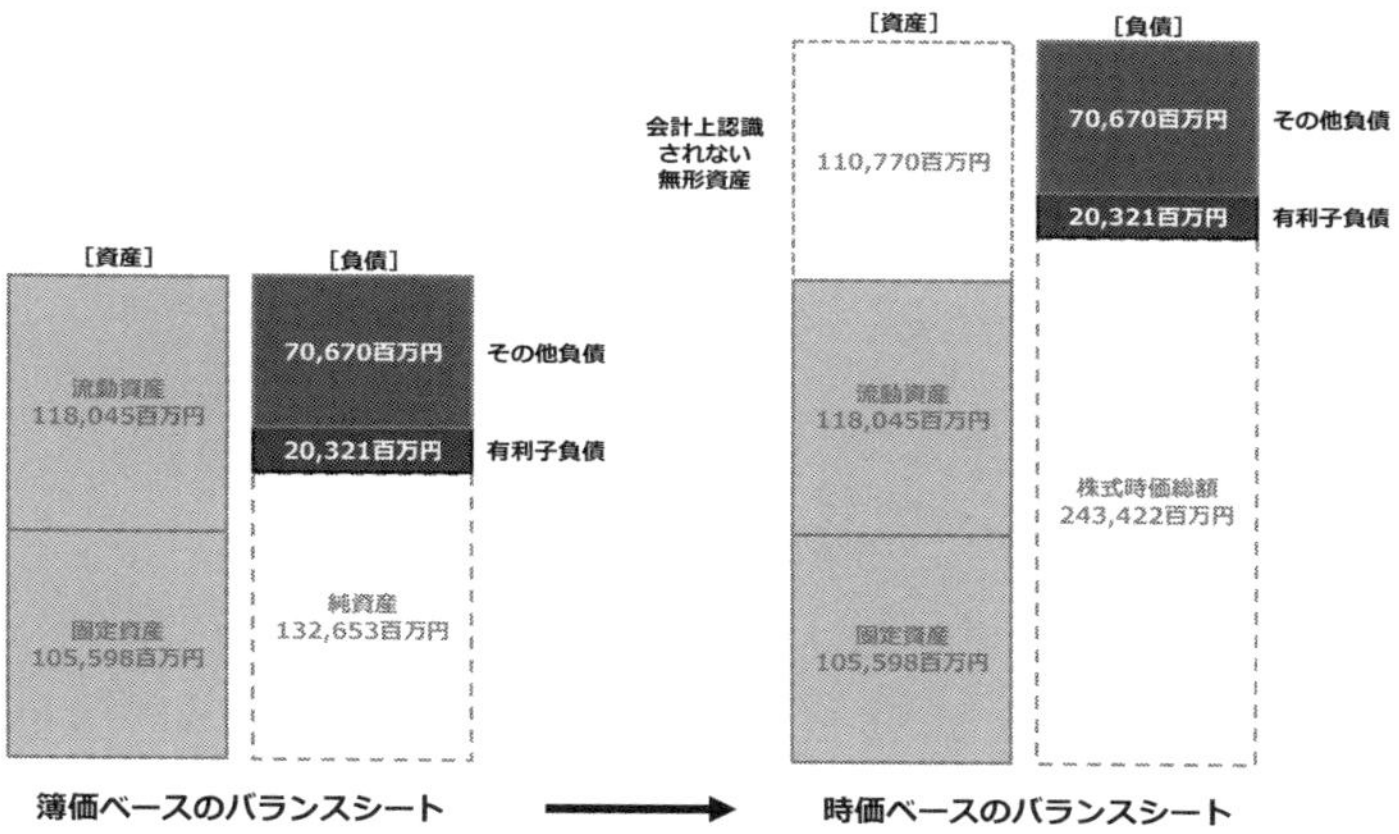

無形資産とは「のびしろ」

図は第4章で事例として使った森永製菓の２０２４年３月31日現在のＢ／Ｓを簿価ベース（左）と時価ベース（右）で各々作成したものです。

左の図は同社の公開情報をもとにして、負債の区分けを有利子負債とその他へ変更しています。右の図は同日の株価情報（終値）から私が調整を加えたものです。

有利子負債が２０３２１百万円で、株式の時価総額を

243422百万円としているところは第4章の事例の通りです。

簿価ベースを時価ベースに変換する際には、本来であれば会社自身が保有する有価証券など多くの資産や負債に時価が存在するので、それらを考慮する必要がありますが、ここでは話を単純化するため純資産を株式の時価総額に変換するに留めることにします。

簿価ベースのB／Sには、資産として流動資産が118045百万円、固定資産が105598百万円の合計223644百万円あり、負債として有利子負債以外に70670百万円の負債があります。

ここで、純資産を株式の時価総額に入れ替えたことにより、資産側に110770百万円の不足が生じます。

これは、会計上認識されない無形資産であり、逆の言い方をすると、株式の時価総額を、純資産からどれだけ大きくできるかを示すものです。例えば、ブランド価値、組織や人の競争力などがこれに相当します。

PBRが1より小さいと無形資産もマイナス

さてPBR《ピービーアール》（Price Book-value Ratio）という言葉を聞いたことはありますか？

> PBRとは「Price Book-value Ratio」の略で、株価が1株当たり純資産（BPS：Book-value Per Share）の何倍まで買われているかを見る投資尺度です。現在の株価が企業の資産価値（解散価値）に対して割高か割安かを判断する目安として利用されます（SMBC日興証券　ホームページ）。

この説明から、この値は純資産に対して、その時価である株式の時価総額の比を取っても同じ値となることが分かります。森永製菓の事例ではPBRは１．８３５[＊30]となります。

Ｂ／Ｓの簿価から時価への調整は、純資産の替わりに株式の時価総額を使う形で行われますが、純資産にＰＢＲを掛けた値を使うと言い換えることもできます。

＊30　＝243422百万円÷132653百万円

企業規模が大きくなるとPBRも大きくなる傾向があります。日本取引所の統計データによると、大型株2・3倍、中型株1・4倍、小型株1・0倍（2024年7月）となっています。これは、企業規模が大きい方が株式の売買が盛んであり、その結果として株価が高くなる傾向があることが一因のようです。

PBRが1より小さい場合、前述の会計上認識されない無形資産はマイナスの値となります。企業価値を上げるとは、言い換えればこの値を高めていくことです。そのためにCFを継続的に大きくしていく努力が不可欠です。

B/SのWACCで求められているリターンの額が分かる

さて、WACCはこの時価ベースのB/Sにおいて、どのように表現されるでしょうか？

まず、有利子負債合計に負債コストを掛けてその金額を求めます。

森永製菓の事例ではこれは20321百万円×支払利息0.52%＝105百万円となります。

次に株式の時価総額に株主資本コストを掛けてやはりその金額を求めます。

こちらは243422百万円×６・４％＝15579百万円となります。これらの合計が資本コスト総額で１５６８４百万円です。

そして、これを有利子負債と株式の時価総額を合計したもので割った値５・95％がＷＡＣＣです。

ここまでは第４章の説明と同じですが、Ｂ／Ｓの中でこれらを示すと図のようになります。つまりこれは、

「森永製菓はＢ／Ｓに計上されている資産に加えて、計上されていない無形資産、そして有利子負債以外の負債をうまく使って、フリーＣＦで資本コスト総額１５６８４百万円以上を1年間に生み出さなければならない」

ということを意味しています。

では一体何を生み出さなければならないのでしょうか？

それは、フリーＣＦと呼ばれるものです。

株主と債権者が求めるリターンとは？

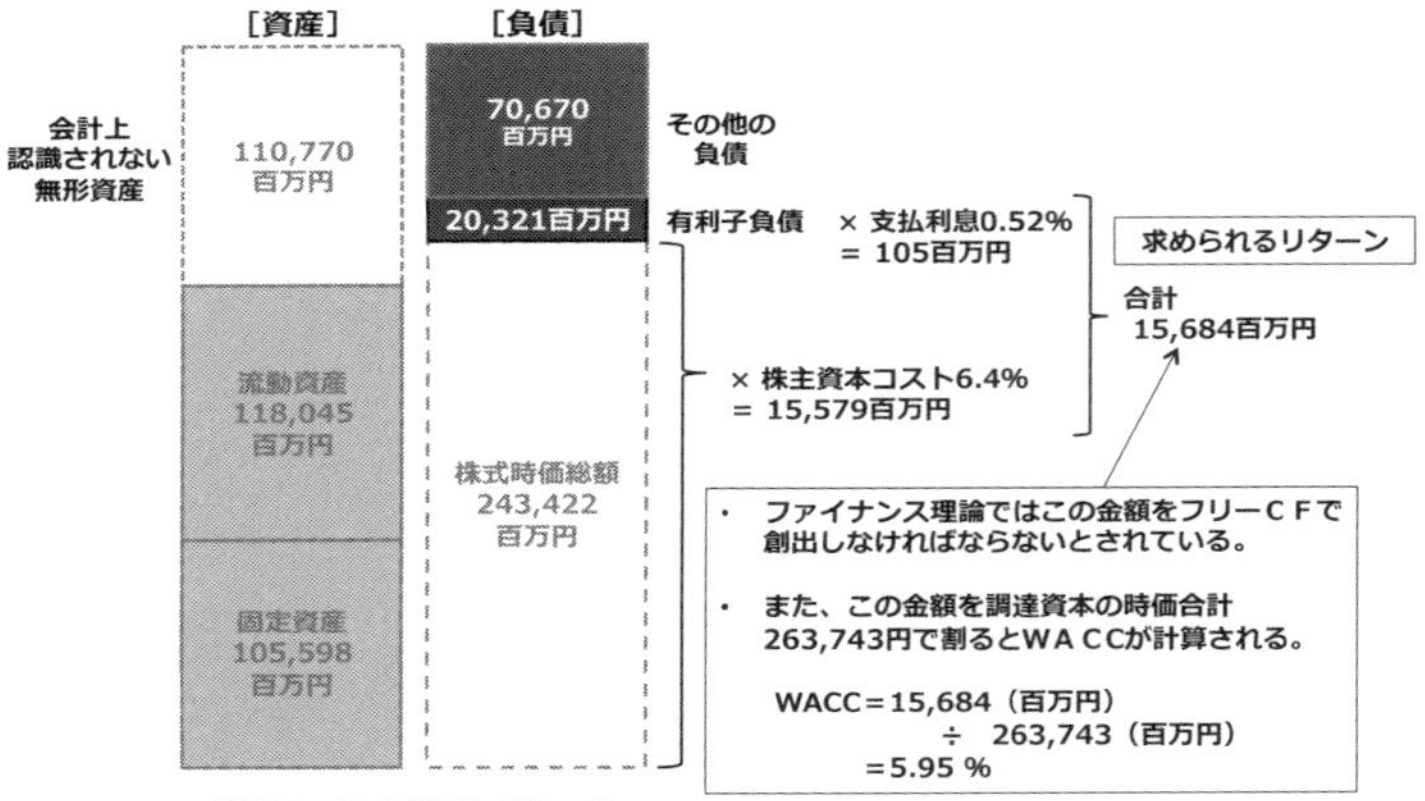

時価ベースのバランスシート

フリーＣＦ
～投資効果を評価する～

決算書に関する書籍等では、フリーＣＦはＣＦ計算書の中の営業ＣＦ（通常はプラスの金額）から投資ＣＦ（通常はマイナスの金額）を引いたものと説明されています。決算書とは会計の領域の報告書であり、過去を扱うものです。

これに対して**ファイナンスで語られるフリーＣＦは、あくまで企業価値や投資効果を評価する目的**のものであり、**予測の範疇を出ない未来の数字**です。

また、計算方法も若干異なります。

ファイナンスにおけるフリーＣＦの計算は以下の３つのステップで算出されます。

ステップ１　税引き後営業利益の計算
ステップ２　税引き後営業利益から営業ＣＦ[*31]への調整
ステップ３　営業ＣＦから投資額を控除

この計算を、森永製菓を再び事例として説明したいと思います。前提として、森永製菓のこれから始まる1年間の事業予測を次ページにまとめています（数値は全て、あくまで説明用に著者が作ったものであり、公表されているものではありません）。

ステップ１　税引き後営業利益の計算

法人実効税率が30％とすると、税引き後営業利益は次のように求められます。

税引き後営業利益
＝　営業利益　23500　百万円　×　（１－実効税率 30％）
＝　16450　百万円

＊31　営業ＣＦもＣＦ計算書に登場するものとは異なる。ＣＦ計算書に登場する営業ＣＦは、損益計算書の利益（多くは税前利益）から各種資産・負債の増減の調整、減価償却費の足し戻し、法人税の費用計上ベースから実際の支払額への変更などの各種調整を行うことにより算出されている。また、支払利息は営業ＣＦのマイナス項目として（逆に受取利息はプラス項目として）扱われる

売上と損益

売上高	225,000	百万円
売上原価	▲ 133,000	百万円
売上総利益	92,000	百万円
販売管理費	▲ 68,500	百万円
営業利益	23,500	百万円

流動資産および負債

	（期首）	（期末）	（期末－期首）
売掛金	30,623	33,073	＋ 2,450 百万円
棚卸資産	28,638	31,502	＋ 2,864 百万円
買掛金	23,002	25,532	＋ 2,530 百万円

設備

設備投資	11,000	百万円
減価償却費	10,000	百万円

通常の損益計算書の場合、営業利益を計算した後、支払金利を含む営業外損益を足したり引いたりして税前利益を求め、そこから法人税等を控除して税後利益（純利益）を求めますが、ここではそうなっていません。

ファイナンスの特徴的な考え方のひとつに「**税金を払った後の利益は、債権者と株主に配分される**」というのがあります。

この考え方に従い、支払利息を控除する前に、営業利益に（1－実効税率）を掛ける形で法人税を差し引く形となっています。

ステップ2　税引き後営業利益から営業CFへの調整

次に〈ステップ1〉で求めた税引き後営業利益を営業CFに調整していきます。

第3章で見て頂いたように、CF計算書を作る際には利益から実際に発生した様々な資産や負債の増減を調整するのですが、ここで求める営業CFはあくまで予測値ですので、影響の大きなものに絞って調整を行います。

営業 CF
＝税引き後営業利益　**16,450** 百万円
－ **2,450** 百万円（売掛金増加）－ **2,864** 百万円（棚卸資産増加）
＋ **2,530** 百万円（買掛金増加）＋ **10,000** 百万円（減価償却費）
＝ **23,666** 百万円

先に計算結果を見て頂くと上のようになります。

ここで、「売掛金や棚卸資産が増えることにより営業ＣＦが減る」としているのは、キャッシュが売掛金や棚卸資産に変化してしまったからと考えて下さい。

逆に、「買掛金が増加して営業ＣＦが増える」としているのは、短期でお金を借りてキャッシュが増えたと考えればよいです。

また、減価償却費はキャッシュの流出を伴わない費用ですので、足し戻したと考えて下さい。

ステップ3　営業ＣＦから投資額を控除

ここでは単純にステップ２で求めた営業

フリー CF

＝ 営業 CF **23,666** 百万円 ― 設備投資 **11,000** 百万円

＝ **12,666** 百万円

CFから設備投資額を差し引けばよいのですが、投資額はCF計算書の中の投資CFの値とは異なります。

投資CFの中には、貯蓄目的の定期預金を買ったり（売ったり）、保証金を差し入れたり（戻してもらったり）したものも含まれます。

よって、設備投資やコンテンツや特許権等の無形資産の取得のために支出した金額に絞って予測をして、控除計算に組み入れます。

このようにして、中期または長期のフリーCF予測を立てていきます。

投資利回りがＷＡＣＣより高ければ成長が期待できる

さて、このフリーＣＦですが、毎年どの程度生み出していれば上場企業として合格なのでしょうか？

ここでは、仮に森永製菓が、ある大型の設備投資を行うこととし、その設備投資から得られるＣＦの投資利回りをいくつか設定してシミュレーションしましょう。

表は、設備投資による投資効果を整理したものです。

設備投資は、２０２５年３月期の終わりまでに３００００百万円行い、２０２６年３月期から７年間に定額のＣＦを回収します。

ＩＲＲを投資利回りとして、ＷＡＣＣに対して、⑴同じ、⑵高い、⑶

投資利回りと NPV の関係

（1）投資利回り（IRR）＝WACC

投資利回り	5.95	%	WACC	5.95	%	設備投資	30,000	百万円

年度	1	2	3	4	5	6	7
CF（百万円）	5,365	5,365	5,365	5,365	5,365	5,365	5,365
割引率（累積）	1.0595	1.1225	1.1893	1.2601	1.3351	1.4145	1.4987
CFの現在価値（百万円）	5,063	4,779	4,511	4,257	4,018	3,793	3,580
累計（百万円）	5,063	9,842	14,353	18,610	22,628	26,421	30,000

NPV(百万円)	0	NPV(%)	0.0%

（2）投資利回り（IRR)＞WACC

投資利回り	6.45	%	WACC	5.95	%	設備投資	30,000	百万円

年度	1	2	3	4	5	6	7
CF（百万円）	5,461	5,461	5,461	5,461	5,461	5,461	5,461
割引率（累積）	1.0595	1.1225	1.1893	1.2601	1.3351	1.4145	1.4987
CFの現在価値（百万円）	5,154	4,865	4,592	4,334	4,090	3,861	3,644
累計（百万円）	5,154	10,019	14,611	18,945	23,035	26,896	30,540

NPV(百万円)	540	NPV(%)	1.8%

（3）投資利回り（IRR）＜WACC

投資利回り	5.45	%	WACC	5.95	%	設備投資	30,000	百万円

年度	1	2	3	4	5	6	7
CF（百万円）	5,270	5,270	5,270	5,270	5,270	5,270	5,270
割引率（累積）	1.0595	1.1225	1.1893	1.2601	1.3351	1.4145	1.4987
CFの現在価値（百万円）	4,974	4,695	4,431	4,182	3,947	3,726	3,516
累計（百万円）	4,974	9,669	14,100	18,282	22,229	25,955	29,472

NPV(百万円)	▲ 528	NPV(%)	-1.8%

低い、の３つケースを想定しています。

⑴ 投資利回り（５・９５％）＝ＷＡＣＣ（５・９５％）

フリーＣＦの現在価値は、設備投資額３０００百万円と同額になります。これは、株主の求める運用益と債権者への利払い分を稼ぎつつ、当初支出した設備投資額を７年間で回収したことを意味します。

もし、株主が求める運用益をそのまま配当金として社外に排出してしまえば、社内には何も残りません。つまり、再投資に必要なキャッシュを獲得できず、**成長がストップ**してしまうことになります。

⑵ 投資利回り（６・４５％）＞ＷＡＣＣ（５・９５％）

フリーＣＦの現在価値は、設備投資額より大きい３０５４０百万円となります。

これは、株主の求める運用益と債権者への利払い分を稼ぎつつ、当初支出した設備投資額を7年間で回収し、さらに540百万円を新たに稼いだことを意味します。

つまり、再投資に必要なキャッシュを獲得し、**成長を続ける**ことが可能になります。

(3) 投資利回り（5・45%）＜WACC（5・95%）

フリーCFの現在価値は、設備投資額より少ない29472百万円となります。

これは、株主の求める運用益と債権者への利払い分か、当初支出した設備投資額の回収が、いずれかまたは合計で528百万円不足していることを意味します。

仮に、株主の求める運用益と債権者への利払い分を稼いでいるとするなら、設備投資額は回収できておらず、528百万円のロスを発生させたことになります。これでは、企業としての縮小が予測されることになります。

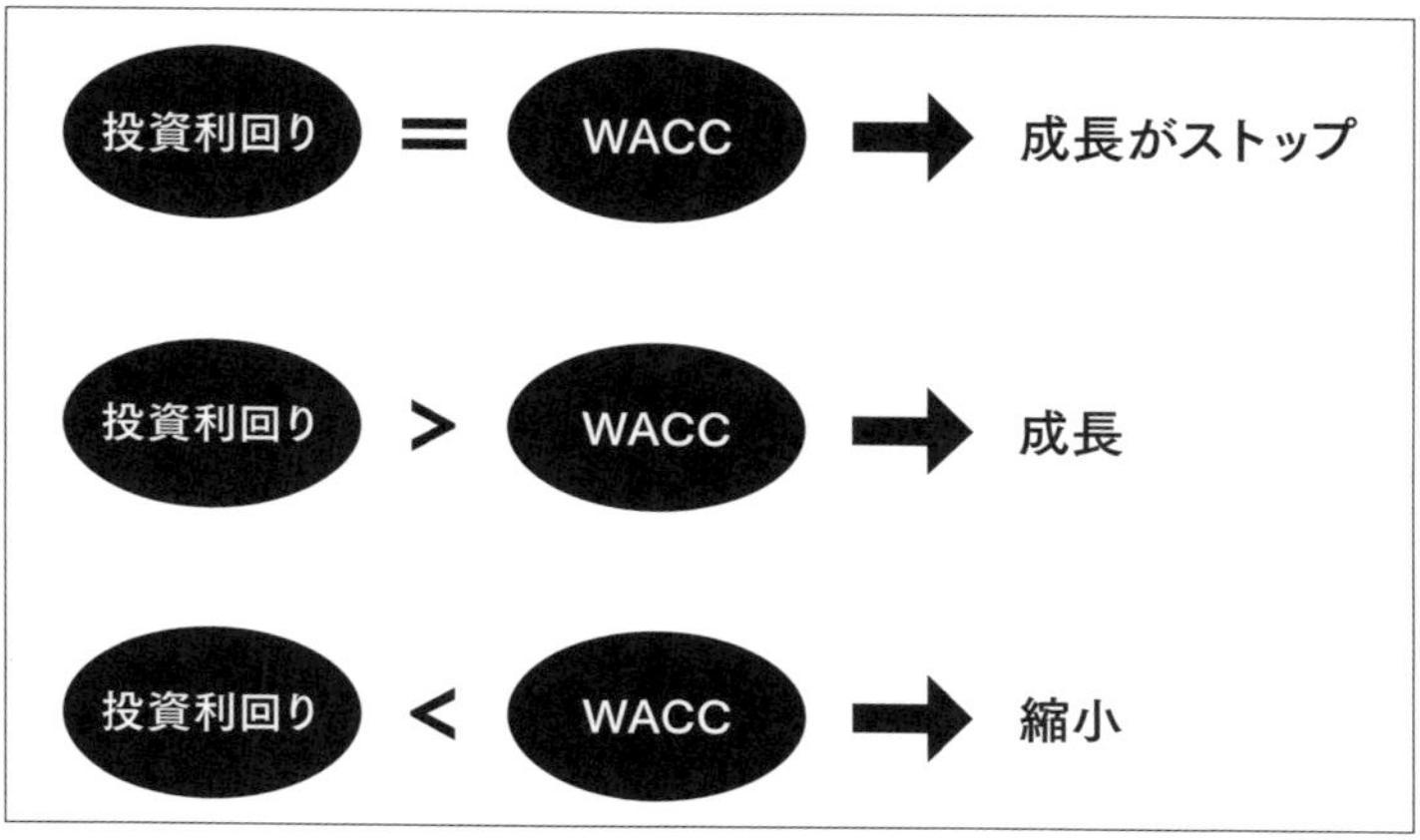

投資家を意識した会計指標で、ＷＡＣＣ以上の投資利益率を上げなければいけないと言われるのは、このように**少しでも下回れば財務的な視点では企業は成長していないどころか縮小とみなされる**からなのです。

ＲＯＩＣ
～投資額の影響をうけにくい指標～

ファイナンス思考を経営に反映させるならば、業績管理におけるターゲット指標は、株式の時価総額に有利子負債を加えた値を分母とし、フリーＣＦを分子にした、「**フリーＣＦ対時価ベース投下資本比率**」となるのでは、と考えられた方が多いのではないかと思います。

しかし、フリーＣＦは大型の設備投資をしたり、企業買収を行ったりすると投資額が一時的に増え、マイナスの値になることがしばしばあります。

よって、中長期的にフリーＣＦを改善していく必要があったとしても、一時的な赤字はその改善のために発生するのですから、例えば1年間の業績だけを切り出して指標が悪化した、とするのは本末転倒ということになります。

このような理由で、「フリーＣＦ対時価ベース投下資本比率」は、私が知る限りでは経営管理指標としては実際に使われていません（もちろん、社内の参考値としてウォッチしていくことは推奨されます）。

ＲＯＩＣには簿価を使う

そこで、それに代わる指標が必要になるわけですが、それがＲＯＩＣ（投下資本利益率[*32]）と呼ばれるものです。

この５年程度の間に経済界にかなり浸透してきていますので、すでに職場で使っている、あるいは勉強会に参加したことがあるという方も多いのではないでしょうか？

ただし、これは会計指標のひとつであり、自ずとファイナンス的な数字の作り方とは違いが発生してしまいます。

まず、この点について整理をすることから始めましょう。

＊32 Return on invested capital

フリーCF　＝　税引き後営業利益　±　流動資産・負債等の増減の調整　＋　減価償却費　－　投資額

違いの1つ目は、**B/Sを簿価のまま、すなわち決算書に記載されている通りに扱う点**です。よって、純資産も株式の時価総額へ変換されない状態で使われます。

2つ目は、フリーCFの代わりに**税引き後営業利益が使われる点**です。フリーCFと税引き後営業利益の関係は上の通りでした。

流動資産・負債等の増減の調整額は年度によってプラスになったり、マイナスになったりするものなのですが、長期的に見るとゼロに収斂されていく傾向があります。そのため、あえてこの調整はしないと理解すればよいでしょう。

3つ目は**減価償却費を加えない**、そして**投資額を減じない**ことです。これは2つをペアにすると理解しやすくなります。

減価償却費とは投資額を、投資した会計年度に一度に費用化せず、償却期間に渡って少しずつ費用化することにより、投資による効果（売上増加や費用の削減）と費用を年度ごとにマッチングさせるものです。

よって、長期的には減価償却費の合計は投資額を超えることはなく、ほぼイコールの値となります。*33

したがって、**減価償却費≒投資額**と考えることができるので、長い目で見るなら減価償却費を加え、一方で投資額を減ずる必要はないということです。

このように、投資額が増えた際にフリーＣＦが激減したり、マイナスになったりして、管理指標として、使いにくくなる短所を補うことが可能となります。

ＷＡＣＣには株式の時価総額を使う

森永製菓の２０２４年３月期の、ＲＯＩＣを見てみましょう。

分母の投下資本は有利子負債２０３２１百万円と純資産１３２６５３百万円の合計である１５２９７４百万円です。

分子の税引き後営業利益は、営業利益に（１－実効税率）を掛けた値を使います。

＊33　厳密には減価償却の残存価値分が固定資産として残り償却されない

投下資本利益率（ROIC）とは？

ROIC ＝　税引き後営業利益　÷　投下資本

＝　１４,１９１百万円　÷　１５２,９７４百万円＝　9.3％

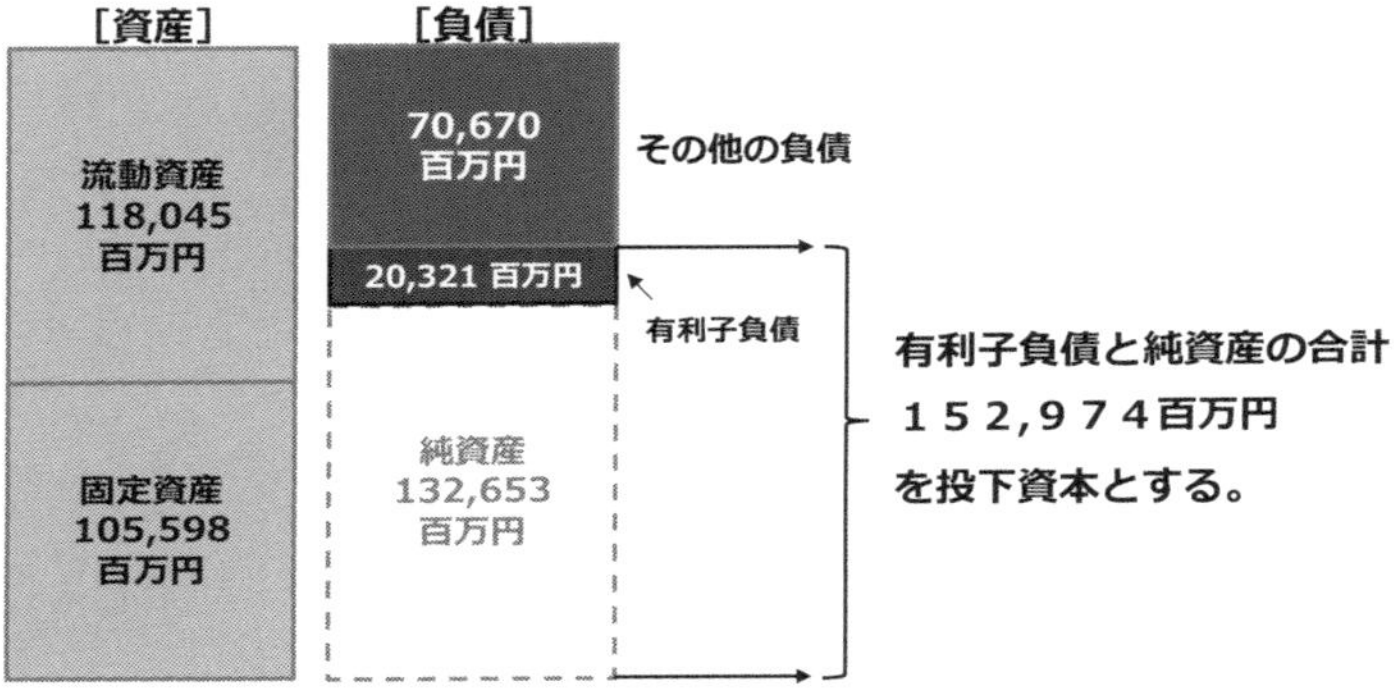

簿価ベースのバランスシート

この値は、実効税率を30%とすると、[*34] 20273百万円×（1－30%）＝14191百万円です。よって、ＲＯＩＣは9・3%となります。

また、ＲＯＩＣは、ハードルレートであるＷＡＣＣと比較されます。こちらは計算の際に純資産ではなく株式の時価総額を使います。これは、慣習としてそのようになっています。

目標値はＷＡＣＣとするのか、プラスアルファ○○%とするのか、それは企業ごとに、決められることになります。

＊34　森永製菓　有価証券報告書より

ＲＯＩＣがＲＯＥやＲＯＡより重要視される理由

さて投資家目線の会計指標として、**ＲＯＥ（株主資産利益率）**[*35]や**ＲＯＡ（総資産利益率）**[*36]、がありますが、これらとＲＯＩＣの違いについて少し触れておきましょう。

ＲＯＥは、株主資本に対する純利益の割合です。

株主資本とは、純資産に非常に近い値になるものです。株式を公開している企業は連結ベースで決算書を作り公開をしています。大規模な会社になると多くの子会社が存在し、Ｍ＆Ａにより子会社化している会社においては旧親会社またはオーナーの持ち株が残っていることがしばしばあります。

株主資本とは、純資産から現在の親会社の株主以外の持ち分（少数株主持ち分）

＊35　Return on equity
＊36　Return on asset

を除いたもののことを言います。これが分母となります。

分子に相当する純利益ですが、これも少数株主持ち分に帰属する純利益を除いた値を使います。

ROE ＝ 親会社の株主に帰属する純利益 ÷ 株主資本

つまり、少数株主持ち分の割合が低いと、ROEは純利益÷純資産とほぼ同じような値になるということです。

ROEは財政的に安定した企業のみ使える

話をシンプルにするために、ここでは「ROE≒純利益÷純資産」として説明します。

純利益とは、純資産を変動させる主たる要因です。

第3章でB/Sの動きを説明しました。利払い及び配当前で起業時の純資産2000万円は利益相当分の1000万円増加して、3000万円となっています。

つまり、利益には純資産を大きくする効果があるということです。

配当をするとその分純資産は減ります。自己株式にも同じような効果がありま す。これらは利益により増えた純資産を、株主に還元あるいは償還する行為であ るということです。

いずれにしましても、純利益とは損益の発生を原因とした純資産の成長額のこ とと言い換えることもできます。

ですので、ＲＯＥは株主資本コスト（株式の期待リターン）と比較されます。 よく、**７％程度あればよい**などと言われるのは、「日本株式に対する国内の機関 投資家の中長期的な期待収益率は６％〜７％、海外の機関投資家は７％〜８％と みられる」（「ＲＯＩＣ経営」ＫＰＭＧ　ＦＡＳ　あずさ監査法人　編、日本経済出版）など と言われていることに深い関係性があります。

これはＲＯＩＣをＷＡＣＣと比較することと少し似ています。

このようにＲＯＥは、**有利子負債を含めずに、株式によって調達した資本に対**

するリターンの割合を示すものです。

この値を良くするために、無理をして有利子負債による資金調達を増やす方法を取ることもありますが、実際には負債の返済能力とのバランスが極めて重要なため、経営を不安定化させる要因になることもあります。

よって、**ＲＯＥを管理指標として積極的に使ってよいのは、財政的に安定した企業のみ**ということが言えます。

ＲＯＡは経営効率を知るには不十分

一方、ＲＯＡは、総資産に対する利益の割合です。

利益は純利益が使われることが多いのですが、営業利益や経常利益が使われることもあります。

ROA　＝　（純）利益　÷　総資産

これは企業が抱える資産をうまく使って利益を出しているかどうかの指標です。

時系列的な改善具合の比較や、同業の企業間の比較には有効な指標です。

しかし、**調達した資本に対する経営のパフォーマンスを表す指標としては不十分**です。

なぜなら、買掛金や未払金などの流動負債も調達した資本のように扱ってしまっているからです。

また、ＷＡＣＣや株主資本コストのような比較対象が存在しないので、やはり投資家目線の会計指標としては使いにくい側面があります。

ファイナンス思考の重要性が近年高まって来ていることは冒頭からお話ししてきましたが、これらの投資家目線の会計指標が従来の売上高利益率のような損益計算書をベースにしたものより重要視されつつあることはその一環と言えるでしょう。

そして、その中でもＲＯＥやＲＯＡほどシンプルではないものの、ファイナンスの考え方を反映したＲＯＩＣの位置付けが相対的に高まっているという状況となっているわけです。

ROICを改善する6つの方法

さて、ROICを高めていくということは、投下資本をうまく使って大きな営業利益生み出し、結果としてフリーCFを大きくして企業価値を高めていくということに他なりません。

そのためには、分母である**投下資本をできるだけ小さく**し、分子である**税引き後営業利益をできるだけ大きく**すればよいのですが、実効法人税率は国によって決まるので、分子については営業利益を大きくすればよいと言い換えることができます。

分母である投下資本を小さくするためには、有利子負債と純資産（株式資本）のどちらかあるいは両方の金額を減らしていけばよいのですが、そのためには十分なキャッシュを生み出し債権者や株主に償還していく必要があります。

設備投資は改善の余地あり

さて、手元キャッシュを増やすことを重視するＣＦ経営というものがあります。これは「黒字なのにキャッシュが足りずに倒産」という事態を避けることが目的のひとつと言えるでしょう。これを**リスク回避型ＣＦ経営**という言い方をしてもいいかもしれません。

一方、ＣＦを改善することはあくまで手段であり、債権者や株主に償還あるいは配当金で還元していくことが究極的な目的と考えることもできます。こちらは**企業価値改善型ＣＦ経営**と呼んでいいでしょう。

経営戦略や商品ラインナップの大幅な見直しなどを行わずに、ＣＦを改善する方策と言えば、**無駄な在庫を持たない**、**売掛金は早く確実に回収する**、**仕入れや経費の支払いタームを長くする**などがあります。

これらの重要性についてはすでに多くの企業で認識されており、もうあまりやることがないという企業も多いのではないかと思います。

在庫の削減と言っても、安全在庫もある程度は必要ですし、売掛金や買掛金の支払い条件については相手のあることですから、あまりに無理なお願いもできない、あるいはしない方がいいというケースも多くあるでしょう。

一方、設備投資等の投資についてはどうでしょうか？

無駄な投資をしない、金額をできるだけ抑え込むことの重要性は広く認識されているとは思いますが、本著で述べてきたような貨幣の時間価値を含めた投資と回収の考え方が徹底されているかについてはまだ改善の余地がある企業も多いのではないでしょうか？

短期的なCF改善

さて、第4章で引用した『ROIC経営』（KPMG　FAS　あずさ監査法人　編、日本経済出版）に、ROIC経営における短期的アクションと中長期的アクションが各々紹介されています。

短期的アクションについては、非効率となっている事業への対策を行うものとされ、次のような記述があります。

> 一般的には、次の3点について非効率となっているケースが多いため、短期的アクションとしては、これらについて集中的に改善策を講じる必要がある。
>
> ①不採算・低収益事業の抜本的対応
> ②事業部門における非効率部分の改善
> ③低収益資産の処分

①については、引用元の書籍の中で対策事例として他社との事業統合が挙げられているように事業の再構築の色合いが強いものです。

②については、ほとんどの企業で原価率や販管費率の低減という目標を持って、

事業部門内で横断的チームを作り、すでに活発に改善が行われているのではないかと推測します。

すでに導入してしまった固定資産等の処分については、除却損が発生する上、売却可能である資産でなければ有利子負債の返済や自社株買いをするために必要なキャッシュが得られないので、どうしても優先順位は下がりがちになるでしょう。

また、③については持ち合い株の解消や非事業資産（典型的な例は、自社保有の社員寮、保養所等）の売却が挙げられています。

つまり、これらに関して、本書で書かれているファイナンス知識をすぐに「現場で使える」機会はそう多くはないように思われます。

ファイナンス知識を浸透させる

一方、中長期的アクションについては以下のように書かれています。

このため、ＲＯＩＣ経営の取り組みが短期的アクションだけで終わることがないよう、全社一丸となって中長期的アクションを進める必要があるが、その際には次の３点が重要である。
①中期経営計画における目標設定
②ＲＯＩＣ経営に係る仕組みの構築
③役員・従業員の教育

①は事業単位ごとに現状を認識した上で、目標を設定していくもので、②は目標を達成するために必要な、業績の評価方法、投資の評価方法、事業単位間の投資配分、撤退基準などを決めるものです。
どちらも本社主導で進めるものであり、もしこのようなプロジェクトに事業担当者として参画する際には本書で書かれているファイナンス知識が役に立つと確信していますが、やはりすぐに「現場で使える」わけではありません。

私は、③が最も大事で、先に取り組むべきものだと考えています。

なぜなら、長年に渡って、売上、利益、そして売上高利益率こそが重要と教えられてきた人たちに、中長期的な企業価値の改善、ＲＯＩＣなどと言っても全く響かないことが目に見えているからです。

会社や事業単位の目標値を大きく変更することは、スポーツで言えば、ルールを変更することに留まらず、勝ち負けの判定基準を変えることに等しいと言えます。例えば野球のルールが突然、イニング毎に勝敗を決めて、先に5イニングを取ったチームが勝ちというルールに変わったら、受け入れがたいですよね。

そのくらい、ファイナンスの考え方を経営管理に取り入れるのはインパクトのあることなのです。

これまで、売上高の大きさや、その前年比の伸び率で評価されていた営業部門は、売上高ではなくて粗利額で評価されることになるかもしれませんし、商品開発部門は商品の目新しさではなく、いかに投資利益率の高い商品の開発をしたかで評価されるようになるかもしれません。

　よって、順番としては、**先にファイナンスの概念を知り、次にＣＦや、ＲＯＩＣとの関連性について学ぶ**ということから始めることをおすすめします。

　私は遠回りのように見えても、現場の力を引き出すという意味において、その方がよいと感じています。

　もちろん、何よりも先に会計の基礎的なことを知る必要がありますが、あまり細かいことにとらわれずに、概念的なことから理解していけば、いずれもさほど難しいものではありません。


　企業内の様々な機能を担う方々から、企業が目指すゴールに向かって良いアイデアを出してもらうこと、それ以上に企業の力を高める方法はないと言って過言ではありません。

　ことを急がず、種まきをして、じっくり芽を育て、大きな収穫を得て頂きたいと願っています。

第6章

最高の結果を出す
ファイナンス知識の使用法

現場でファイナンス知識を使いこなすためには？

あなたがある化学製品メーカーの新任事業部長だとします。

これまで海外セールス畑で、世界各地を転々とし、大きな成果を上げてきました。グローバルベースの大型契約を勝ち取り、たくさんの事業部がその需要に応えるため、やはり大型の設備投資を行ってきました。

これまで、設備投資は必要な需要に応えるための設備コストでその金額が決まるだけだと思っていたのですが、ことはそれほど簡単ではないようです。

新たに部下となった製造部門のマネージャーたちは、フリーＣＦが十分でない、投資金額が大きすぎると、毎日大騒ぎをしているが、実は何のことか良く分かりません。

自分は数週間以内に社長に設備投資を申請する立場にあるにもかかわらずです。投資とは事業の将来を決定づけるものです。難しいからと部下任せでは済まされません。

どのようなポイントに絞って投資案件を精査すればよいのでしょうか?
社長や本社スタッフを納得させるためにはどうしたらよいでしょうか?
そして、どのようなときに致命的な失敗が起きる可能性が高まるのでしょうか?

意思決定に導入するなら「割引率」から

すでにご説明した通り、ＮＰＶやＩＲＲを使った投資の意思決定方法は、設備投資、新規ビジネスの企画、不採算事業からの撤退など幅広い分野に応用が可能です。

これらの投資を実際に行うには巨額の資金が必要となります。そのため、規模の大小、上場・非上場を問わずほとんどの企業において、申請に必要な書類やクリアしなければならないハードルなどについて、詳細にルール作りがされているものと思われます。

現在社内で使われている意思決定方法にファイナンスの考え方をより強く取り入れていこうとするならば、まずは**本社機能と事業部門の役割を明確にしていく**

必要があります。

ファイナンスを社員の共通言語にする

本社機能で中心的な役割を担うのは経営企画部門と財務部門でしょう。

これらの部門は**ファイナンスの基本的な考え方を社内に広く啓蒙していく**役割を担います。

業績評価は損益ベースで行われるのが普通ですから、いきなりCFのみで考えて、あるいは貨幣の時間価値を取り入れて、と言われてもおそらく現場は混乱するだけです。最悪のケースにおいては、会社のトップはよく分からないものにかぶれているのだといったネガティブな印象を持たれる可能性さえあります。

また、あからさまにそのような反応は示さなくても、とにかく決められた手順に従って申請すればよいのだと考えがちになるかもしれません。

そうすると、投資効果を最大限引き出すために必要となる現場の協力や機能間の共働が、十分に得られない可能性があります。例えば、生産性の高い設備やサービスインフラの開発、収益性の高い商品やサービスの企画、投資から回収までのリードタイムの短縮といったことです。

社内の各機能、各メンバーが与えられたテーマだけやっていればよい、投資申請はとりあえず通してしまえばよい、とならずに、自らの行動が企業価値の向上に貢献していることを強く認識してもらうことが大切です。

そして、企業価値が向上することが直接的に利益につながる株主や経営陣のみならず、それに貢献した社員にも十分なリターンがあるように人事評価方法も修正していく必要があるでしょう。

割引率を決定する

社内への啓蒙と並行してやるべきことは、**投資判断を行う際の割引率、回収期間、評価方法の決定**です。

割引率は第4章でお話したように、各企業の裁量により決定されるものです。株式や長期国債などの市場データを使って求めた株式資本コストを使うこともできますし、これに加えて借入等の資金調達の状況を考慮して求めたＷＡＣＣを使うこともできます。私が推奨する株式資本コストにプレミアムを加えた値を使うこともちろん可能です。

ただし、採用した割引率がいったいどのような意味を持っているのか、社内に向けて分かりやすい説明をしていくことが大切です。

特に事業部門のメンバーには、「なるほどそういうふうに会社は考えているのだ」と納得してもらわなければ、モチベーションを下げる要因にもなりかねません。

「よく分からないけど、この数字を使えばいいんでしょ。今どき住宅ローン金利だって１％くらいなのにね」などと言われているようであれば要注意です。

回収期間は柔軟に

回収期間は商品、業種、サービスのライフや設備の耐用年数などを考慮して決定すればよいと思います。

そして、ひとつの会社にひとつの基準とする必要はありません。

ある程度の規模以上の企業になれば、設備投資は設備単体ではなく、「○○製品の増産」「○○サービスの効率改善のためのサービスインフラ更新」といったビジネスの目的そのものが投資テーマになっているケースが多いのではないかと推測します。

このような場合は、設備の種類ごとに回収期間を決めておくのではなく、事業の種類、商品・サービスの種類、投資の目的（増産か、効率改善か、更新か？）というような大分類から小分類にまで区分けして、各々について回収期間を設けるとよいです。

評価方法の意味を伝える

最後に評価方法についてです。

第4章でお話ししましたように、ファイナンスの考え方に基づく投資の評価方法には**NPV**（現在価値ベースの純回収金額）、**NPV%**（現在価値ベースの回収額対投資額%）、**回収期間**、**IRR**（投資利回り）などがあります。

どれを採用するのか、これも各企業の裁量によるものとなりますが、選択した評価方法がどのような意味を持つのかについては、やはり分かりやすい説明を社内に向けて行うべきでしょう。

回収完了後の分析が有効

さらに、ぜひやっていただきたいのは回収完了後のＣＦがどのように予測されるかについてストーリーを描いておくことです。

現在価値ベースで回収を完了するということは、株主や債権者が求める資本コストを負担しながらも投資した金額をすべて回収できたということになります。そうすると、**回収完了後のＣＦはすべて純リターン**と呼べるものになります。回収が終わったらＣＦが尻つぼみになるものと、勢いを保って継続するものとではどちらが企業にとってよいものと言えるでしょうか？　言うまでもありませんね。

本当は巨額な投資を頻繁にしなくても、ＣＦを安定的に生んでくれるようなビジネスを行うことが企業にとっては理想的な状態と言えるのです。

よって、ほとんどの人が見落としがちな、「回収後のＣＦ」の傾向分析を行い、企業戦略に生かしていくことが有効になります。

そのためには、設定した回収期間が過ぎた後のＣＦの予測についても投資申請に必要な情報として含めるルール作りが必要となります。

投資も回収もキャッシュで数字を確定する

一方、事業部門は投資額の決定とCF予測を行い、その結果として投資が社内の投資適格基準を満たしていることを証明しなければなりません。その際、**計画に使用した数字の根拠を明確にしておく**ことが大切です。

投資額に関してはスペック、キャパシティ、調達金額に関する検討履歴を文書化して明確にすることが推奨されます。

経営者を含めた本社機能の人々は投資対象の設備などの図面や見積書を見ても実際のところ何のことだかよく分からないケースが多いのではないかと思われます。

そのため、調達先数社の合見積りがされていて、十分な値段交渉がされていることが確認されていれば問題なしとされてしまうのです。

しかし、かなりオーバー・スペックであったり、見積り金額が高すぎたりということも十分にあり得ます。

スペック、キャパシティ、調達金額に関する検討履歴を文書化して社内の関係部門に開示することにより、様々な助言をもらうことができるようになり、このような問題を少しでも軽減する効果があるでしょう。

設備の企画や設計をする部門や調達部門が協力して、オーバー・スペックとなることや、不十分な価格交渉で終わることを避け、投資効果を少しでも高めようとしていくことが、企業価値の向上にダイレクトにつながっていきます。

実験的投資と必要な投資を明確にする

とは言え、長らく低成長が続く日本においては、研究開発費が削られ、なかなか新しい技術を試す機会がなくノウハウの蓄積もできていないというようなことが多いのではないかと思います。

そのため、新規に導入する設備に、新しい技術を実験的に取り込んでみようかというモチベーションが働くのはやむを得ないことです。個人的な意見ですが、経済的に許される範囲でそうすればよいと思います。多少の無駄こそが、新しいチャンスを生むことも多いからです。

しかし、どこからどこまでが最低限必要なものなのか、あるいは実験的なものなのか、を分からなくしてしまうのは良いこととは言えません。

なぜなら、投資効果があまり芳しくなかったとしても、マネジメントの判断で投資に実験的な部分を多く取り込んでいたからそうなった、という場合もあるからです。

このようなケースにおいて投資効果が小さいと判断してしまうと、以後の投資判断をミスリードする可能性があります。これは中長期的に企業の競争力を弱体させることにつながります。

よって、経営層や本社機能と事業部門がだましあいをするのでなく、できるだけ情報を公開して、**投資額やその効果に関する真の情報を残していく**ことが推奨されるのです。

ＣＦ予測は比較して考える

ＣＦ予測については、「**投資をすることにより、投資をしなかった場合と比較して変化が予測される金額**」という定義に沿って行います。

増産投資の場合ですと、投資額と増加売上によるＣＦの増加分の整合性が取れることが多いので特に問題はないでしょう。

しかし、合理化投資や設備の更新投資の場合はＣＦ予測がやや複雑になります。このようなケースでは、まず何もしなかった場合のＣＦ予測を行います。次に投資を行った場合のＣＦ予測を行います。そして、後者から前者の金額を差し引いて投資の効果金額とします。

また、不採算事業からの撤退の場合は、まず投資額として撤退にかかる費用をＣＦとしたもの（このケースは支出がほとんどであるはずなのでマイナスになる）を投資額として見積ります。

設備の除却損が出たとしても、これはCFと同じにはなりませんので、設備撤去にかかるCFだけを特定します。もし、設備が売却できるのであれば、売却額を回収されるCF予測に組み入れます。念のためですが、金額は売却益ではなく売却額となります。

このようにして、投資もキャッシュ、回収もキャッシュという考え方で各々の数字を確定していきます。

CF予測は原価や販売管理費を注視する

CF予測を行う際には、一般的にはまず予測損益計算書を作って、それから原価償却費に代表される利益とCFの差額要因となる項目を調整することが多いのではないかと思います。

このような方法を取る場合、売上（数量、単価、市場シェア）、原価（人件費、減価償却費、原材料費など）、原価改善計画、販売管理費（費目ごとの構成要素とその予測）などをどのように見ているのかを文書化しておくことをおすすめします。

例えば中期事業計画を策定する際には、売上に関しては単価、数量、市場シェアなどをどのように見ているのかという説明から始めるのが普通ですから、同様のことをすればよいということになります。

しかし、原価や販売管理費についてはあまり細かく文書化されずにいきなり損益計算書に数字として登場するということが多いように思います。

投資を検討する場合、**売上だけでなくどのようにして費用の計画がなされ、結果としてＣＦ予測が行われたかが明確になると、より客観的に内容を評価することができる**ようになります。

数字を作るときは実態からはずれすぎない

最後にストーリーや数字の作り方についての一般論をお話します。

基本的に事業部門は必要な投資を行う際には、多少の脚色をしてでも社内で求められている投資適格基準を満たすようにストーリーや数字を準備するものです。

私自身、多くの投資事案に関わってきましたが、脚色をせずに済んだ事案はほとんどなかったかもしれません。このようなことは、おそらくどの会社においても起こりがちなことだとは思います。

しかし、あまりに度が過ぎると単に決裁を通すためだけの投資計画策定になってしまい現実とは大きく乖離してしまう可能性があります。

当時はとにかく投資という一大イベントを前に進めるためよかれと思ってやっていましたが、本質的には会社のためには良くないことをしていた側面もあるのではと今は感じています（とは言え、わざわざ却下される計画を作る人もいないでしょうから、やっぱりそうせざるを得なかったのでしょう）。

どうしても投資をしなければ顧客への商品やサービスの提供が継続できない、あるいは新たな約束が果たせないという事態となっているにもかかわらず、一方で投資額が大きすぎて、あるいはCF予測が十分でなくて投資適格基準を満たさないというようなジレンマに陥ってしまうとします。

そういった場合は、企業の考え方にもよるでしょうが、**特別決済として投資を**

承認し、計画そのものは実態から外れたものにしないという方針を貫くことを推奨します。

なぜなら、過度の脚色をされたストーリーを作ること、すなわち「お絵描き」が社内であたりまえとなり、黙認され続けることになりかねないからです。これは企業にとっては明らかによくないことです。

ファイナンス理論については、多少の時間をかければマスターすることができます。しかし、それを会社の競争力の強化につなげていくためには、このような基本原則、行動基準といったところまで踏み込んで考えていく必要があるのです。

ＣＦ予測に合わせて３シナリオを準備する

さて、事業部門が行うＣＦ予測ですが、ひとつでなくいくつかのシナリオを準備して、各々について投資効果を評価するとよいでしょう。

なぜなら、ビジネスに関わる人であればだれでも感じていることだと思いますが、どのようなすばらしい計画を作ってもその通りになることは稀だからです。

とは言え、会社の大切な資金を運用すると思うと、仮に投資の回収状況が思わしくなかったとしても、**いつごろまでに最低限これくらいは回収できるという確証**を持っておきたいものです。

逆に回収状況が予想より良くなった場合には投資はどのくらい早く回収できるのかを知ることができます。

できれば3つのシナリオを準備してください。1つ目が**ベース・シナリオ**、2つ目が**楽観シナリオ**、3つ目が**ワーストケース・シナリオ**です。

保守的なベース・シナリオ

ベース・シナリオは文字通り基本となるシナリオです。

これは起きる確率が最も高いシナリオ、あるいは普通にやれば問題なくできるだろうというシナリオにしておくのが良いでしょう。感覚的な表現になりますが、「**悲観的にはならない範囲で保守的に**」という感じです。

私自身も経験があるのですが、ビジネスの調子が悪くなってくると、本社からのプレッシャーがきつくなり、減収・減益の事業計画を作ることが許されず、総力を結集して頑張ります的なシナリオを作ることがありました。もちろん、突然神風が吹くなどと言うことは起きず、後に計画を達成できない理由を考える羽目になりました。

特に中期計画になれば、次の1年間のことも不透明なのに、2年目以降のことなど分かるわけがない、されど悲観的な数字は作れない。よって、売上を前年比プラス2％程度で伸びることにして、損益計画もそれをベースに作りましょうか、ということになります。

しかし、今から考えるとこれらの作業は完全な時間の無駄であるどころか、百害あって一利なしというべきものでした。

もし、このような感じで投資効果計算に使用するためのCF予測をしてしまうと、どのようなことが起きるでしょうか?

答えは明確ですね。投資計画が、単に決裁を通すために書かれた現実を直視しない代物になってしまうということです。

投資判断はできるだけ、客観的に、ドライに行うべきです。そうでなければ、本当の投資効果の予測は不可能なものとなります。

上振れ予想の楽観シナリオ

楽観シナリオは、その名の通りでよいのですが、決して夢物語とならないように注意してください。

計画段階において、楽観シナリオは売上の予想外の上振れを見込んで作るのが普通です。なぜなら、人件費が大きく下がる、あるいは仕入単価が大きく下がるといった費用が減ることはあまり起きませんし、ましてや計画段階では予想がつかないからです。

ですので、先に述べたCF予測の文書化のうち、**売上（数量、単価、市場シェア）がどのように上振れする可能性があるのかを明確に述べる**とよいです。

そうすることで、そのようなことが起きる可能性がどの程度あるのか、単なる夢物語ではないのか、といったことに対して客観的な評価ができるようになります。

費用のうち変動費（売上が増加すると、比例的に増加する費用のこと）の増加分についてベース・シナリオから調整することは言うまでもありません。

想像できる限りのワーストケース・シナリオ

最後にワーストケース・シナリオですが、これはロシアによるウクライナ侵攻のような新たな大規模紛争が起きてエネルギー価格が再び高騰するとか、新たなパンデミックが起きるなどという予測不可能なシナリオのことではありません。需要が予測ほど伸びないとか、競合も激しく受注活動をしているので見込んでいる市場シェアが達成できない可能性があるとか、製品販売価格が予測より低下してしまう恐れがある、などのように、**十分に起き得る望ましくないシナリオ**の中で、もっともひどいケースという意味でとらえて下さい。

ワーストケース・シナリオを描く理由は、**設定した回収期間中に最低でもどのくらいは回収できるか**を知るためです。同時に、**追加でどのくらいの期間があれば回収できるか**を知ることもできます。

日本には言霊というものがあり、良くない予測を言葉にすることが不吉だと敬遠される風潮があります。また、精神論の強い会社では、達成する意欲がないとか、最初からあきらめているとか、あるいは予防線を張っているというふうにとらえられる可能性もあります。

ですが、予算にしろ、投資計画にしろ、ふたを開けてみれば達成には程遠いことが多いのもまた事実です。

投資活動は、企業の成長や顧客への貢献に大変重要な活動です。あまりに保守的だと本来得られるチャンスを逃してしまうこともあるでしょう。しかし、企業が保有するキャッシュはそもそもだれのものか、ということもまた同時に考えなければなりません。

ですので、投資回収のワーストケース・シナリオを作っておくことは、非常に重要なプロセスなのです。

投資のその後を追いかけノウハウを蓄積する

事業部門が投資を実践する際に推奨されることについて、これまで3点お話してきました。

1　投資対象の詳細や検討履歴について文書化すること
2　CF予測について文書化すること
3　いくつかのシナリオを準備すること

投資というのは華々しい結果に終わることもあれば、ひどいときには重い罪でも犯したように冷たい扱いを社内で受けるような結果に終わることもあります。また、事業部門にとって投資に関する2つの大きな関門があります。ひとつは投資の決済をもらうこと、もうひとつは予定通りに投資を完了してビジネスをスタートさせることです。

もちろん、その後の進捗《しんちょく》についても、大きな注目を受けるわけですが、**投資の意思決定はCFをベースに**行うのに対して、**業績評価は損益ベース**で行われることもあり、**投資回収がどの程度進んでいるのかについてはあまり注目されないの**が、多くの現場での実情ではないでしょうか？

データベースで追跡する

私は、データベースを作り、回収状況やキーとなるインデックス（市場シェア、平均単価、原価情報など）の追跡調査を行うべきであると考えています。

あまりに報告すべき内容が増えるとスタッフが疲弊してしまうでしょうから、細かすぎることは要求せずに、**どれくらい回収が進んでいて、それはどうしてなのか？**　ということが客観的に理解できるレベルにすればよいと思います。

頻度も、月1回ではたいへんですから、**四半期か半期に一度**で十分です。また、少額の投資については対象から省いてしまってよいでしょう。

報告作業に加えて、データベースの管理という業務も発生しますが、投資に関するノウハウを蓄積し、企業内で生かしていくという意味では効果は絶大だと思います。

特に回収が思ったように進まない投資に関しては、投資額が大き過ぎたとか、市場の読みが楽観的過ぎた、などのようにいくつかの理由に集約されていくでしょう。

巨額の資金を失う前に判断する

あるいは、投資回収が計画通りに進まない割合が高い事業に関しては、事業そのものの競争力がすでに落ちている可能性があります。

投資の決済を通すためには、企業が設定している投資適格基準を満たす必要があります。そのため、実態からの予測よりも強気の投資回収計画が必要で、いざ実践してみるとその通りにならないことが頻繁に起きるのです。

このような傾向が顕著な事業は、事業部門のメンバーの努力だけでは抜本的な解決に至らない状況である可能性もあります。

最も避けたいのは、事業そのものがＣＦを生み出す力をすでに失っているのに、起死回生の手になるかもしれないと投資を続け、気が付くと巨額の資金を失ってしまったというようなことです。

特に社内の有力者の肝いり事業の場合、ずるずると投資と失敗を繰り返すことがあるのではないでしょうか?

投資データベースを作れば、客観的な評価を与えてくれるので、会社の意思決定の仕方も少し変わってくるかもしれません。

既存のノウハウに投資家目線を入れ込む

これまで、ファイナンスは難解で、企業の上層部と本社機能のキーマンだけが知っていればよいといったイメージが強かったのではないでしょうか？

また、会計の基本的なことを知らずに、ファイナンスについていきなり学ぶというのも少しハードルが高く感じますよね。

しかし、実は**キャッシュを投資して、継続的にキャッシュを生み出して投資額を回収していく**という非常にシンプルなものであることがお分かり頂けたのではないかと思います。

強いて言えば、**「貨幣の時間価値」という概念があり、株式への期待リターンをあわせて生み出していく必要がある**というところが少しファイナンスを難しくしているかもしれません。

さらによいノウハウを作り出す

株式の固有リスク（つまり、リターンのばらつき）を期待リターンに反映させる理論である資本資産価格モデルや、有利子負債の金利を考慮したＷＡＣＣなどは人によっては苦手意識を感じるかと思います。

残念なことに、これらはファイナンスの教科書においては必ずマスターしなければならないこととして書かれています。

確かに経営企画部門や財務部門で、自社や他社の企業価値評価を行ったり、投資に関する社内のルール作りをしたり、啓蒙活動をしたりという人々にとっては必修科目と言えるものでしょう。

しかし、ある企業が大きなキャッシュを生み出すことができるのは、強くて魅力的な商品やサービスを開発することができ、それを安定して供給できる力がその企業にあるからです。そのような企業では魅力的な投資計画をいくつも抱えていて、またその実現能力も高くなるはずです。

そして、商品企画・開発部門、設備企画・開発部門、製造やサービスなどのオペレーション部門、マーケティング・宣伝部門などがそれぞれにキャッシュ創出に必要なノウハウを持っていて、また日々それを作り出そうと尽力している姿が目に浮かびます。

企業にとって最も必要なことは、**ファイナンス的な考えをそのような部門の方にも理解してもらい、さらによいノウハウを作り出してもらうこと**に尽きると思います。

決して難解な金利計算をできるようになってもらうことではありません。そのようなことは、社内の専門家に任せましょう。

それよりも、実際の投資を意識しながら設備開発を進める、あるいは商品・サービス開発を進める方が、長期的なＣＦの改善により良い結果をもたらすだけでなく、メンバーのモチベーションを高めることになるでしょう。

例えば技術者であるなら自分たちは要求された技術を開発していればよいのだ、ビジネスや業績については深く関わる必要がないといった考えになりがちです。

しかし、企業の最終的なゴールのひとつである持続的な企業価値の改善にあらゆるメンバーが参画できるならば、自分たちが何をすべきかが明確になり、間違いなく良い結果をもたらすことになるでしょう。

ファイナンスは、単に投資効果や企業価値を評価したりする道具ではなく、**経営スタイルそのものを維新する道具**にもなり得るということです。

ぜひ、部門テーマ、個人テーマへの落とし込み、そして部門間コミュニケーションに、ファイナンスの考え方を取り入れていって頂きたいと思います。

割引率計算方法の補足

［補足1］

企業ごとに異なる株式のリスクをどのように期待リターンに反映させればよいか？［β（ベータ）値問題］

第4章で、貸付に関するリスクとリターンの関係について説明をしました。貸付のケースでは、「リスクが高い」とは、「未回収となる確率が高いこと」を意味します。よって、信用の低い貸出先の場合、その分期待リターンも高くしないと貸付側にとって割が合わなくなるので、ハイリスク・ハイリターンの関係が成り立ち、またその逆もしかりということでした。

一方、株式においては、リスクとは値下がりの可能性のことも意味していますが、同時に値上がりの可能性も含んでいます。

リスクの主たる意味は「危険」、「危険性」、「危険物」といったネガティブなものですが、ファイナンスの世界においては**「ばらつき」**、あるいは**「不確実性」**という意味で使われます。

貸付と株式の一般的な比較においては、貸付が未回収となる可能性より、株式が値下り（あるいは値上がり）する可能性が大きいので、貸付に比べ株式はハイリスクとなります。**株式を購入する投資家は、高いリスクを負ってでも高いリターンを求めます**。それが、株式の期待リターンが貸出金利よりはるかに大きくなる理由です。

このような**ハイリスク・ハイリターン、ローリスク・ローリターンの関係性は個別株式の間にも存在**しています。

業界で言うなら、鉱業、鉄鋼、機械、海運業はハイリスク・ハイリターンの傾向があり、食料品、電気・ガス、情報・通信はローリスク・ローリターンの傾向があります。これらの原因はいろいろと考えられますが、それはあくまで後付けのものであり、実際のデータにより判定されるものです。では、どのようなデータでもって、このような結論が導かれているのでしょうか？

個別株のリスクを定量化したβ（ベータ）値

それは**β（ベータ）値**と呼ばれるもので、市場平均を1とした比率で表されます。ここで市場平均とは株価インデックスのことを言い、日本においては日経平均やTOPIXのことを意味します。

β値は、**株式の市場平均のリターンのばらつきに対する、個別株式のリターンのばらつきの比**として表されます。実際のβ値の求め方はやや複雑で、例えば5年間の月間リターン（5年×12ヵ月＝60のデータとして用いられる）を数値化し以下の計算式に当てはめて求めます。

β値　＝　株価インデックスと対象株式の共分散　÷　株価インデックスの分散

共分散と分散はともにばらつきを示す統計値で、ここでは詳しい説明を省きますが、β値は対象株式のばらつきが、**株価インデックスに対して何倍大きいか**をいうことを示しており、多くが**0・3から2・0の範囲内の値**となります。

業界別のβ値（2017年4月～2022年3月）

	業界	β値
	水産・農林業	0.74
高β	鉱業	1.61
	建設業	0.98
低β	食料品	0.7
	繊維製品	1
	パルプ・紙	0.79
	化学	0.97
	医薬品	1.08
	石油・石炭製品	1.06
高β	鉄鋼	1.59
	非鉄金属	1.22
高β	機械	1.3
	電気機器	1.11
	輸送用機器	1.04
	精密機器	0.94

	業界	β値
低β	電気・ガス業	0.5
	陸運業	0.94
高β	海運業	1.83
	空運業	1.12
	倉庫・運輸関連業	1.05
低β	情報・通信業	0.69
	小売業	0.77
	銀行業	1.07
	保険業	0.95
	不動産業	1.14
	サービス業	1.18
	TOPIX	1

出典：　日本取引所　JPXデータクラウド

β値が1の場合は、リスクが株価インデックスと同じで、1より大きければ株価インデックスよりリスクが高く、1より小さければリスクが低いことになります（くどくなりますが、「リスク」とは「ばらつき」のことです）。

こうして求めたβ値の業界平均は表のようになります。β値が1・3以上のものを高βグループ、0・7以下のものを低βグループとして示しています。

市場平均であるTOPIXは当然1となります。

建設業、繊維製品、化学といった業界のβ値はほぼ1であることから、リターンのばらつきはＴＯＰＩＸとほぼ同等であることが分かります。

ファイナンスの教科書に必ず登場する資本資産価格モデルとは？

資本資産価格モデル（ＣＡＰＭ《キャップエム》：Capital Asset Pricing Model）は、１９６０年代にノーベル経済学賞受賞者であるウィリアム・シャープらにより発表されたリスクとリターンに関する理論の中心的な考え方に基づくものです。

これを簡単に表現すると、「**リスクとリターンには相関関係がある**」となります。

ＸＹの二軸をイメージして下さい。

そして、Ｘ軸をリスク、Ｙ軸をリターンとし、ある市場におけるいくつかの金融商品（債権や株式）をその上にプロットします。

そうすると、もしリスクとリターンに相関関係があれば、これらはあるひとつの直線付近に分布し、多少の誤差はあるもののＹ＝ａＸ＋ｂの関係が成り立ちます。

ここで、ａは直線の傾きを、ｂはＸ＝０のときに直線がＹ軸と交差する点におけるＹの値である切片を表します。

株式を対象としてこのＹ＝ａＸ＋ｂの関係について説明をしましょう。横軸の変数Ｘはリスクですので、これを表す指標が当然必要になります。

それはβ（ベータ）値です。

縦軸の変数Ｙは株式のリターンです。

これには株価の上昇率と、株価に対する配当金の比率である株式利回りを合計した投資利回りが使われます。

傾きａは、株価インデックスの平均リターンと長期国債利回りとの差である市場プレミアムです。この値は計測方法にもよりますが、日本では4〜6%程度と言われています。（グロービス経営大学院　ホームページ）

切片ｂは、リスクがない（フリー）とされる金融商品のリターンとなります。これは**リスクフリーレート**と呼ばれています。一般的にはその国の10年物国債利回りが使われます。

ある企業のリスクであるβ値をＸ軸の数字に、投資利回りをＹ軸の数字にとり、（X、Y）の点をプロットします。そして、企業の数をランダムに増やしていきます。

実際のデータがこの理論に従うなら、各企業のデータは、（X＝0、Y＝リスクフリーレート）という点と、（X＝1、Y＝株式インデックスの投資利回り）を結んだ直線付近に分布することになります。

以上を式で表すと次のようになります。

個別企業の期待投資利回り＝（β値×市場リスクプレミアム）＋リスクフリーレート（ここで、市場リスクプレミアム＝株式インデックスの投資利回り－長期国債利回り）

さらに、この式を視覚化したものを図として掲載します。ここで市場リスクプレミアムは6％、リスクフリーレートは0・5％としています。

β値が0・5である低β企業の場合、市場リスクプレミアム6・0％に0・5を掛けた3・0％をリスクフリーレートである0・5％に加えて、期待投資利回

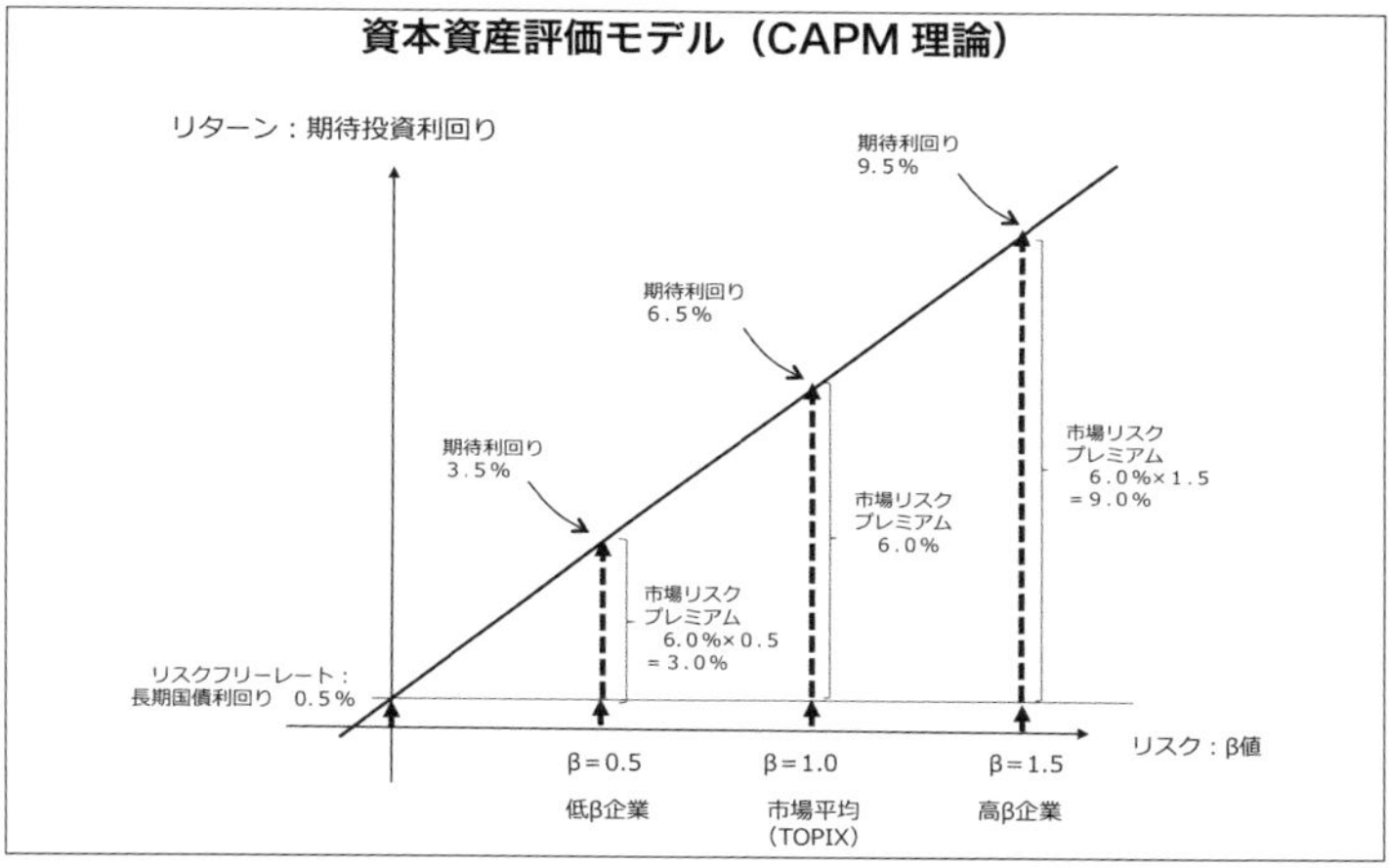

りは3・5%と求められます。

次に、β値が1・0であるTOPIXの場合、市場リスクプレミアム6・0%にリスクフリーレートである0・5%に加え、期待投資利回りが6・5%と求められます。β値が1・0付近の企業の期待投資利回りもだいたこのくらいの値になります。

最後に、β値が1・5である高β企業の場合、市場リスクプレミアム6・0%に1・5を掛けた9・0%をリスクフリーレートである0・5%に加え、期待投資利回りが9・5%と求められます。

これらの期待投資利回り、3・5%、6・5%、9・5%は実際の値が近い値になっていることを保証するものではありません。あくまで、資本資産価格モデルに従うなら、期待値はそのくらいになるであろうという理論上の推定値です。

資本資産価格モデルは果たして成立しているのか？

それでは、資本資産価格モデルが成立しているのか実際のデータを使って確認してみることにしましょう。

この図は、2017年4月から2022年3月までの業界別β値に対して、その間の投資利回りをプロットしたものです。

これを見ると明らかなように、**この期間に関してはβ値と投資利回りにはほとんど相関関係が認められません**。

図中にあるR^2は決定係数と言って、2つのデータの相関関係の強さを示す数字で、一般的には0・5以上で適合度が高いと判断されます。

しかし、このケースでは0・1103ですので、ほぼ相関関係が認められない

業界別β値と投資利回りの関係（2017年4月～2022年3月）

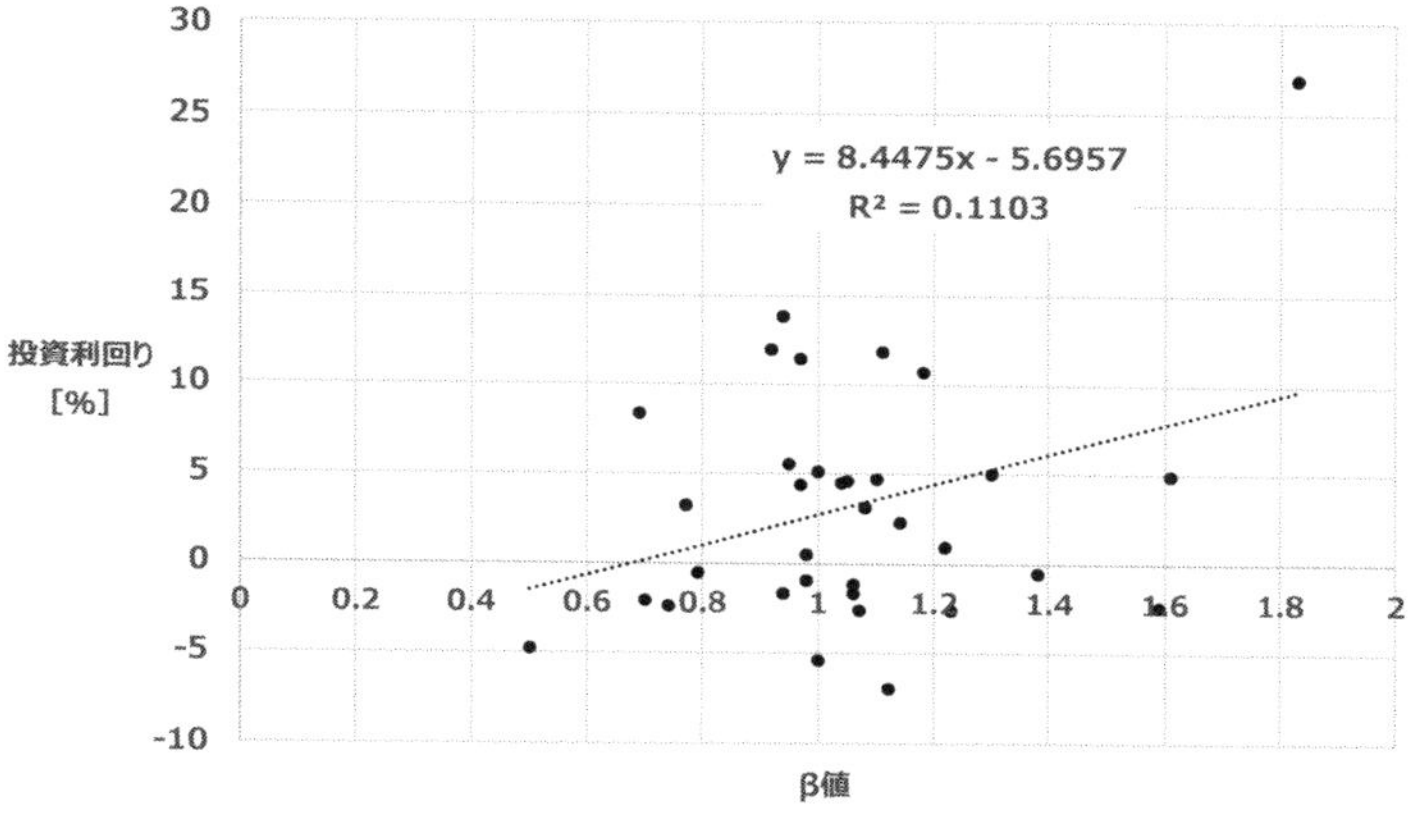

（注）日本取引所　JPXデータクラウドの情報を使って筆者が作成

ことが分かります。

このような傾向は、個別企業のβ値と投資利回りの関係においてさらに強くなります。

図は2017年4月から2022年3月までの上場企業のうちデータが存在する2138社のβ値に対して、その間の投資利回りをプロットしたものです。決定係数R^2は0・0007とより低くなり、無条件にβ値を使った個別株式の期待投資利回りの計算を行うことが、誤った判断につながる可能性が高いことを示唆しています。

個別企業のベータ値と投資利回りの関係（2017年4月〜2022年3月）

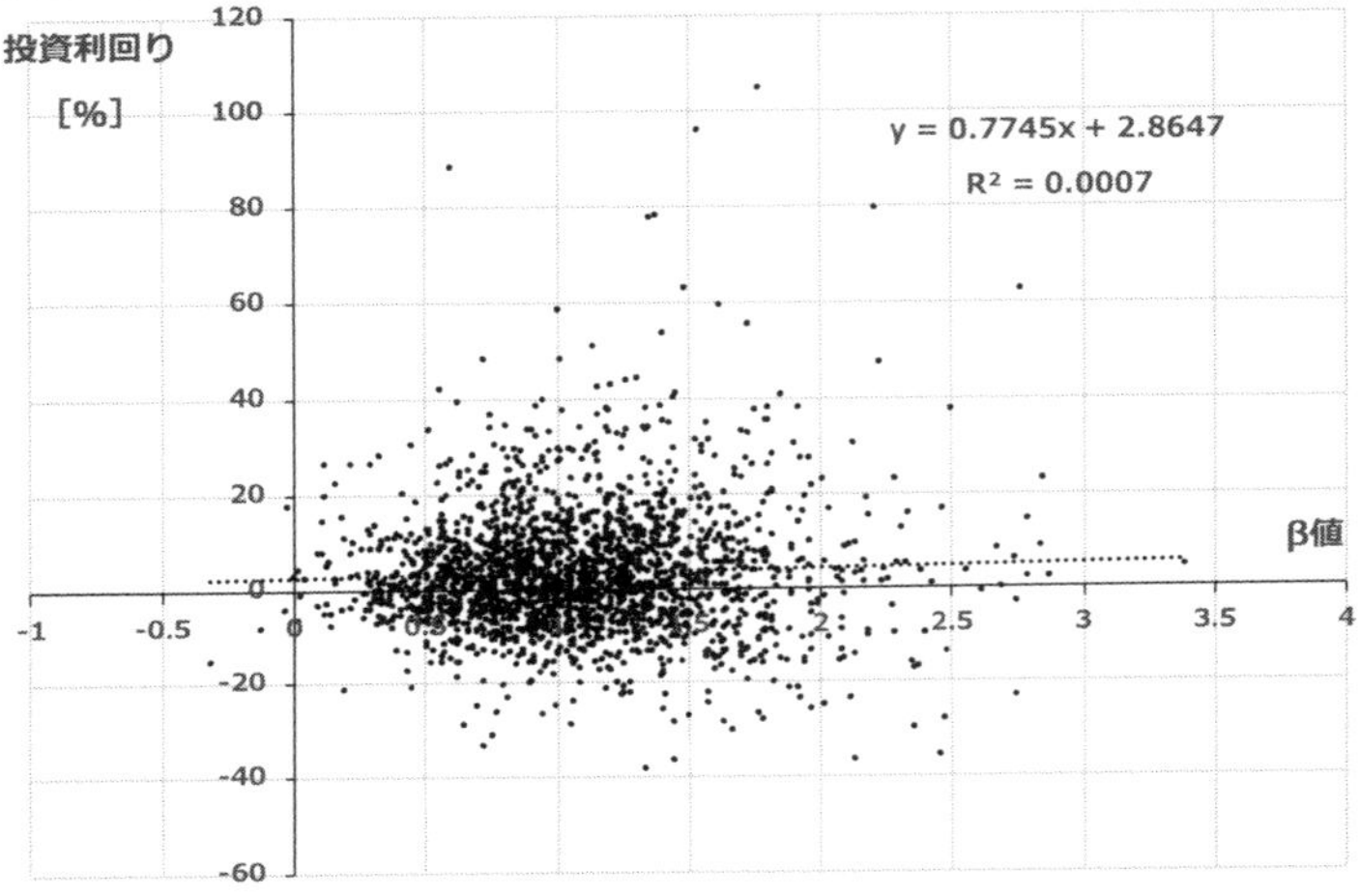

（注）日本取引所　JPXデータクラウドの情報を使って筆者が作成

ただし、対象期間中のうち2020年から2022年に関しては、コロナ禍中のデータであり、通常時はこのような傾向が少し緩和される可能性もあります。

β値を使用するか否かの判断方法

以上のように、資本資産価格モデルが成立していないケースが頻繁に確認されるため、β値を使った個別株式の期待投資利回りの算出には十分な注意が必要です。

TOPIXと個別企業の投資収益率の関係①積水化学工業(2017年4月〜2022年3月)

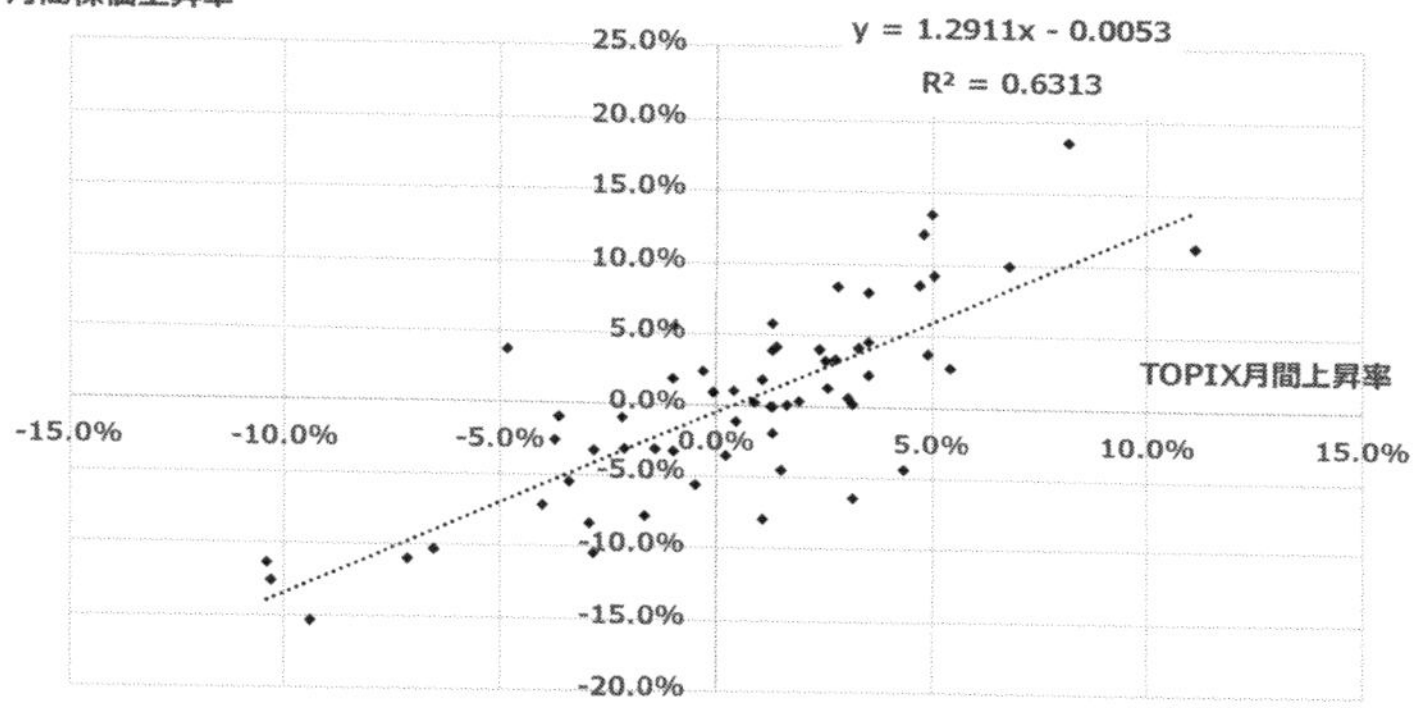

(注) 日本取引所　JPXデータクラウドの情報を使って筆者が作成

つまり、**β値を無視しても、無条件に採用しても同様に判断を誤る危険性がある**のです。

ここでは、2つの企業の事例を使って、β値を使用するか否かの判定方法を見ていきましょう。

ひとつめの企業は積水化学工業です。図は2017年4月から2022年3月までのTOPIXの月間株価上昇率に対して、同社の月間株価上昇率をプロットしたものです。[*37]

直感的に両者には**相関関係が存在する**ことが分かります。

＊37　このデータには株価に対する配当金の割合である株式利回りは含まれておらず、株式の投資利回りの代替値として使用しています

決定係数R^2が0・6313と0・5を超えており、統計的に求めた近似式からも同社株式の月間上昇率の平均値はTOPIXの1・29倍くらいであることが確認できます。

日本取引所のJPXデータクラウドが有料にて公開しているデータを確認すると、この期間の同社の**β値は1・3と1・29とほぼ同じであることから、この値を積極的に使用するべき**ではないかという判断がなされます。

そこでこのβ値を使用すると同社株式の期待投資利回りは、リスクフリーレートを0・5%、市場リスクプレミアムを6%とすると、8・3[*38]と市場平均6・5%より1・8%高くなります。

もし、β値を無視して期待投資利回りとして市場平均の6・5%を採用してしまうとどのようなことが起きるでしょうか?

割引率を小さく設定してしまい、その結果として投資効果や企業価値を不必要に大きく評価してしまう危険が発生します。

つまり、自己評価と投資家や株主の期待値との間に、大きな乖離を生む原因になる可能性があるということです。

---

*38 0.5＋6×1.3

さて、β値には関連データとして株式インデックスと当該企業の投資利回りの相関関係の強さを示す決定係数R^2が存在しています。

ＪＰＸデータクラウドが有料にて公開しているデータの場合は、０・63と私の計算と同じ値となっています。

この有料サービスの計算には配当金も考慮されているため若干の差異が起きても不思議ではありませんでしたが、たまたま同じ値となっています。

一方、無料でβ値を閲覧できるサイトの多くには決定係数が開示されていません。つまり、β値を使ってよいのか、よくないのかを判断する材料がないということです。この点について十分な注意を払うべきでしょう。

相関関係が弱いときはβ値を使わない

もうひとつの企業はキヤノンです。

図は２０１７年4月から２０２２年3月までのＴＯＰＩＸの月間上昇率に対して、同社株式の月間上昇率をプロットしたものです。

TOPIX と個別企業の投資収益率の関係②キャノン（2017 年 4 月～ 2022 年 3 月）

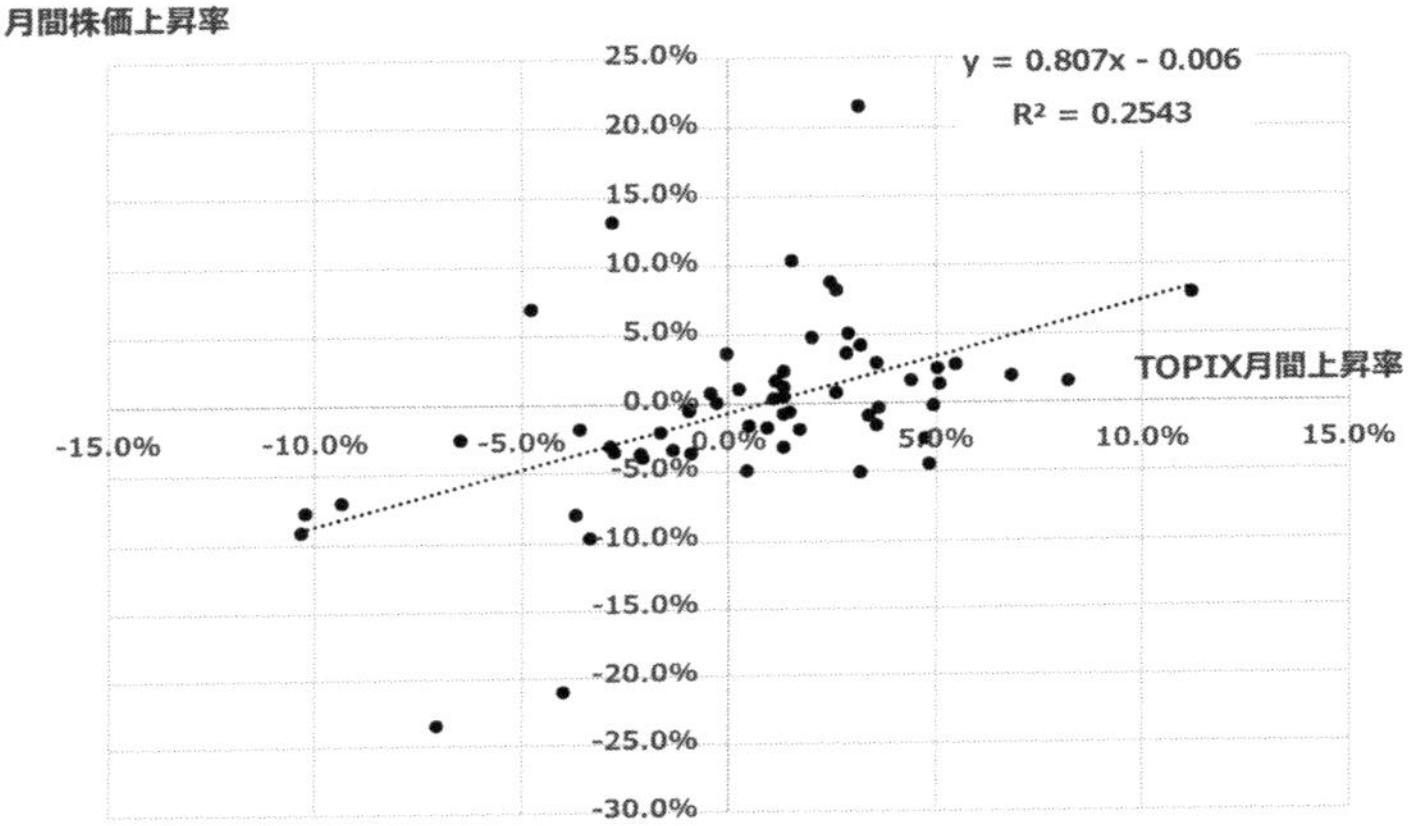

（注）日本取引所　JPXデータクラウドの情報を使って筆者が作成

こちらは積水化学工業と違って、明確な相関関係が認められません。決定係数R^2も0・2543と0・5を大幅に下回っています。

統計的に求めた近似式からは同社株式の月間上昇率の平均値はＴＯＰＩＸの0・81倍くらいであるとされ、この期間の同社のβ値はＪＰＸデータクラウドのデータで0・84であることから、数字上の整合性はほぼ取れています。

しかし、ここでこのβ値を使

用すると同社株式の期待リターンは、リスクフリーレートを0・5%、市場リスクプレミアムを6%とすると、0・5+6×0・84=5・54と市場平均6・5%より1%近く低く計算をされてしまいます。

それによって、投資効果や企業価値を不必要に大きく評価してしまう危険が発生します。

このように**TOPIXと個別企業の月間投資利回りの間に弱い相関関係しか認められないにも関わらず、β値を使って株式の期待投資利回りを計算してしまうと、致命的なミスを起こしかねない**ことを認識しておく必要があります。

自社のβ値を採用すべきでないと判断された場合、業界のβ値、あるいは類似企業のβ値を使うという方法が取られます。しかし、その場合でもやはりその値の統計的な信頼性を確認してから使用するということを忘れないようにして下さい。

株式の期待投資利回りの算出において大切なことは2つあります。

ひとつは、単純な計算ロジックに従って求めるのではなく、**株主や投資家がど**

のように考えているかを意識することです。

そして、もうひとつは**小さい値を採用する誤りは絶対に避けなければならない**ということです。それは投資効果や企業価値を過大評価してしまうからです。

その逆に**プレミアムを載せて大きい値を評価することは、自社に厳しすぎることにもなりかねませんが、保守的な判断をするという意味では正しいアプローチ**であると言えるのです。

【補足2】WACCを計算する際に借入金利に（1－法人実効税率）を掛ける理由について

第4章の183ページにて、「ほぼすべてのファイナンスに関する専門書や一般解説書には、**WACCを計算する際には支払金利に（1－法人実効税率）を掛けるように**と書いてあります」と述べました。

その理由は、ファイナンスの考え方においては、「WACCで割り戻して、その現在価値を求める対象である、将来のCFを、無借金つまり支払金利をゼロと仮定した値としているから」であり、実際には有利子負債による資金調達を行うことによる発生する支払金利の節税効果を考慮する必要があるからです。

第5章201ページで、森永製菓の1年間のフリーCFを求めた手順を再度振り返ってみましょう。計算は3つのステップで行われました。

〈ステップ1〉税引き後営業利益の計算
〈ステップ2〉税引き後営業利益から営業CFへの調整
〈ステップ3〉営業CFから投資額を控除

〈ステップ1〉では、営業利益23500百万円に（1－法人実効税率30％）を乗じて、税引き後営業利益16450百万円を求めました。そして、〈ステップ2〉、〈ステップ3〉へと進んでいき、最終的にフリーCFは12666百万円と算出されました。

〈ステップ1〉税引き後営業利益の計算

ここで、第4章の事例のように、森永製菓が株式に加えて、支払利息が105百万円である有利子負債20321百万円によって資金調達していることを、〈ステップ1〉の計算に反映させます。

売上と損益：		
売上高	225,000	百万円
売上原価	▲133,000	百万円
売上総利益	92,000	百万円
販売管理費	▲68,500	百万円
営業利益	23,500	百万円
支払金利	▲105	百万円
税前利益	23,395	百万円
法人税	▲7,019	百万円
税後利益	16,377	百万円

105百万円の支払金利が発生するため、法人税30％は営業利益23500百万円でなく、利払い後の税前利益23395百万円に掛かり、税後利益は16377百万円となります。売上と損益の予測は上のように修正されます。

税引き後営業利益（16377百万円）は支払金利（105百万円）を差し引く前の値ですから、これを税後利益に足し戻します（16482百万円）。

そうすると、フリーCFの計算は次のように修正されます。

〈ステップ2〉税引き後営業利益から営業CFへの調整

税引き後営業利益　16482百万円

－　2450百万円（売掛金増加）　－　2864百万円（棚卸資産増加）

＋　2530百万円（買掛金増加）　＋　10000百万円（減価償却費）

＝　23698百万円

〈ステップ3〉営業CFから投資額を控除し、フリーCFを計算

23698百万円　－　11000百万円　＝　12698百万円

このようにフリーCFは12698百万円と、第4章で求めたフリーCF12666百万円より32百万円（0.25％）大きく計算されます。

これはどういうことかというと、資金調達の一部を借入金で行うことにより支払金利105百万円に法人税率30％を掛けた32百万円分が節税できるということ

となのです。

しかし、冒頭で述べました通り、ファイナンスの世界においては「WACCで割り戻して現在価値を求める対象である、将来のCFを、無借金つまり支払金利ゼロと仮定した値としている」ので、**節税効果を含めないフリーCFはその分小さく計算されてしまう**ことになります。

この**差額を解消するため**、WACCを計算する際には借入金利に（1－法人実効税率）を掛けることにより、WACCをやや小さい値へと調整し、現在価値に割り戻した際には、節税効果を含んだフリーCFの現在価値に近い値になるようにしているのです。

借入には節税効果がある

最後に、「将来のCFを、無借金つまり支払金利ゼロと仮定した値としている」ことに関して、米国の大学でも広く教科書として採用されている、まさに経典と言っていい書籍には、どのような記述があるかを確認しておきましょう。

企業がどうキャッシュを生み出し、使っているかを把握するためにCFを算出する。フリーCFは、企業の営業活動が生み出す真のCFである。企業が生み出した税引後のCFであり、また債権者、株主などの企業への資金提供者すべてに帰属するものである。したがって、企業に借入がなければ、株主に帰属する税引後CFである。フリーCFの額は、企業がどのように資金調達したかには関係がない。しかし、資金調達の方法の違いは企業のWACCに影響を与えるため、結果としては事業価値や企業価値に影響を与えることになる。

（引用元：『企業価値評価　－バリュエーション：価値創造の理論と実践－』　マッキンゼー・アンド・カンパニー、トム・コープランド、ティム・コラー、ジャック・ミュリン著　ダイヤモンド社）

このように、「企業に借入がなければ、株主に帰属する税引き後CF」をフリーCFと定義しています。加えて、借入には節税効果があるとも述べています。

そのため、節税効果はフリーCFの計算には含めず、WACCの計算には含めるという方法を取っています。

しかし、繰り返しになりますが、企業内で投資を検討する際には、特に事業サイドの方はこのような細かいことに必要以上の神経や時間を使う必要はありません。

なぜなら、WACCは投資に関わる一人一人が計算するものではなく、企業としてこうみているという一つの値があればそれですむものだからです。

ですから、経営企画部門や財務部門などの社内の専門家が算出し、なぜそのような値になっているのかを社内で説明することができれば、特段の問題は発生しないということです。

おわりに

本書を読み終えて頂き、ファイナンスとは何か、どのように現場で使えばよいか、ご理解頂けたでしょうか？

意外と難しくない。そう思われた方も多いのではないでしょうか？

ファイナンス理論には難解なものがたくさんあります。統計理論なども理解していないとＭＢＡコースを取ったり、財務分野での研究者になったりすることは難しいでしょう。しかし、さまざまな専門性をお持ちのみなさまが絶対に理解していないといけないのかというとそうではありません。

このように考えるようになったのは、私のキャリアと関係があります。

もともと工学部卒業で、新卒で電子部品メーカーに勤めだした私の最初の仕事は主に自動車に使われる磁性材料の開発でした。

５年間で開発テーマを完了し、生産ラインに乗せることが出来た後、次に与えてもらったポジションは海外市場の担当者でした。もともと海外でのビジネスをしたいという要望をその会社はかなえてくれたのです。そして、帰国して経営企画スタッフとして、多くの投資案件に関わってきました。

メーカーですから、開発して、製造して、販売する。これが基本です。その中で多くのプロフェッショナルが協力しあってビジネスを推進していました。とても楽しい毎日でした。

しかし、経営企画スタッフであったときはとても孤独でした。なぜなら、数字の分かる人が仕事の現場ではとても少なかったからです。

会計やファイナンスの過度に専門的ではないエッセンスの部分をもっと仕事の現場の人たちに理解してもらい、会社内の共通言語のようになればどれほどその会社は強くなるのだろうか？

そう思って、書いたのが過去の2冊の会計分野の書籍です。

時代は進み、アカウンティングの重要性は衰えないまま、ファイナンスの理解が不可欠の時代が到来したことは何度もお話しした通りですが、今回もまた同じような気持ちを持って執筆を致しました。
会社を強くするのは、様々なプロフェッショナルがいて、存分にその才能を開花して活躍するからこそではないでしょうか。この本が、少しでもその助けになるのであれば、これ以上の喜びはありません。

最後に、ひとりの技術者であった私に成長の機会を下さったＴＤＫ株式会社の諸先輩方にお礼申し上げます。

２０２４年　９月
國方康任

著者
國方康任（くにかた・やすたか）

経営コンサルタント／米国公認会計士。

1964年生まれ、大阪府出身。

同志社大学工学部卒業。大手電子部品メーカーで自動車用機能性材料の研究開発、北米市場での販売と現地工場の経営補佐、経営企画を担当。エネルギー関連のベンチャー企業で新事業責任者のちに社長室長を経て、2007年夏、経営コンサルティングとビジネス教育を行うリエゾン株式会社を設立。

その後、フリーランスコンサルタントとして、大手メーカー、テクノロジー系ベンチャー企業への経営戦略・財務戦略のアドバイザリーサービスを行う一方で、オリジナルコンテンツを用いて会計、コーポレートファイナンスのノウハウを知識ゼロの人に伝えるなどのビジネス教育を行った。

クライアントであった外資系保険会社へ勤務後、2018年より徳島県海陽町にて妻と料理旅館を営む。

著者に『直観でわかる企業会計』（2009年）、『「読まずに」わかる会計の本』（2010年、共に東洋経済新報社）がある。

現場で使えるファイナンス知識

2024年10月23日 初版発行

著者 國方康任
発行者 石野栄一
発行 明日香出版社
〒112-0005 東京都文京区水道2-11-5
電話 03-5395-7650
https://www.asuka-g.co.jp
デザイン 大場君人
組版 野中賢／安田浩也（システムタンク）
校正 有限会社共同制作社
印刷・製本 中央精版印刷株式会社

ISBN 978-4-7569-2351-6